Corrupção, Justiça e Moralidade Pública

Coleção Debates
Dirigida por J. Guinsburg
(*in memoriam*)

Equipe de Realização – Coordenação Textual: Luiz Henrique Soares e Elen Durando; Edição de Texto: Rita Durando; Revisão: Elen Durando; Produção: Ricardo W. Neves e Sergio Kon.

josé eduardo faria

CORRUPÇÃO, JUSTIÇA
E MORALIDADE PÚBLICA

 PERSPECTIVA

Copyright © José Eduardo Faria

Dados Internacionais de Catalogação na Publicação (CIP)
(Câmara Brasileira do Livro, SP, Brasil)

Faria, José Eduardo
  Corrupção, justiça e moralidade pública / José Eduardo Faria. – São Paulo : Perspectiva, 2019. – (Coleção debates ; 343 / dirigida por J. Guinsburg [in memoriam])

  Bibliografia.
  ISBN 978-85-273-1154-0

  1. Abuso de autoridade 2. Brasil. Supremo Tribunal Federal 3. Constituição 4. Corrupção – Brasil 5. Democracia 6. Direito e política 7. Habeas corpus – Brasil 8. Justiça 9. Processo legislativo I. Guinsburg, J., 1921-2018. II. Título. III. Série.

19-25747   CDU-34:32

Índices para catálogo sistemático:
1. Direito e política   34:32
Cibele Maria Dias – Bibliotecária – CRB-8/9427

1ª edição

Direitos reservados à

EDITORA PERSPECTIVA LTDA.

Av. Brigadeiro Luís Antônio, 3025
01401-000 São Paulo SP Brasil
Telefax: (11) 3885-8388
www.editoraperspectiva.com.br

2019

SUMÁRIO

APRESENTAÇÃO 9
PREFÁCIO 11

PARTE I
INTERPRETAÇÃO DAS LEIS, ABUSO DE
AUTORIDADE E EFICÁCIA DO DIREITO

1. A Crise e o Debate Sobre a Moralidade Pública ... 25
2. O Protagonismo do STF e as Fronteiras do "Aceitável" 29
3. A Democracia, o Direito e o Futuro da Lava Jato . 33
4. Interpretação Judicial e Abuso de Autoridade 37
5. O Pessimismo Como Dever Civil 41

6. O Supremo e o Ativismo Judicial.............................45
7. Juízos Políticos e Garantias Jurídicas 49
8. Os Fundamentos das Decisões do STF.................... 55
9. O Controle da Constitucionalidade 59
10. Interpretação Legal e Dissenso Judicial.................63
11. A Delação Premiada e Seu Ponto de Equilíbrio....67
12. Corrupção Sistêmica e Direito Penal 71
13. Processo Legislativo Como Balcão de Negócios...75
14. Limpar o Nariz, Casar e Votar................................79
15. Literalidade da Lei e Abuso de Autoridade...........83
16. A Adjudicação em Tempo de Incertezas................89
17. Retórica Jurídica e Liturgia Judicial......................93
18. Regras, Princípios e Decisões Judiciais.................97
19. Os Políticos e os Juízes: Entre o Destino
    e a Tragédia...101
20. A Tradição Como Argumento de Defesa 105
21. Cláusula Pétrea e Prisão Após Segunda
    Instância...109
22. Garantistas *vs.* Consequencialistas: Um Debate
    Político ou Jurídico? 113
23. A Banalização do *Habeas Corpus* 119
24. Política Judicializada..123

PARTE II
INSTITUIÇÕES, DEMOCRACIA E SOCIOLOGIA
DA CONSTITUIÇÃO

1. Reformar a Constituição: Da Discussão Necessária
   ao Irrealismo Político 129
2. Os Trinta Anos da Constituição de 1988:
   Comemoração ou Reflexão?...................................135

3. Tempo e Espaço na Constituição de 1988 141
4. Semipresidencialismo, uma Ideia Fora de Lugar. 151
5. Alternativas de Arbitragem Para a Paralisia Decisória 157
6. Entrevista: "Há uma Mudança no Conceito de Prova, de Processo e de Delito" 173

FONTES 187
BIBLIOGRAFIA.. 189

APRESENTAÇÃO

Esta coletânea reúne artigos, ensaios e palestras que discutem a judicialização quase total da vida política brasileira num período histórico importante: aquele marcado pelas investigações de um dos maiores casos de corrupção sistêmica já descoberto no país e pela atuação tanto do Ministério Público, identificando os envolvidos e processando-os criminalmente, como das diferentes instâncias da Justiça Federal, julgando-os e condenando até mesmo um ex-presidente da República.

A atuação dos procuradores e magistrados levou a uma reação da classe política, que os acusou de criminalizar o sistema partidário e tentou obrigá-los a adotar, sob pena de serem acusados de crime de abuso de autoridade, interpretações estritas da legislação penal. A contrarreação dos operadores jurídicos levou-os a recorrer ainda mais às interpretações extensivas ou criativas dessa legislação e a fundamentar suas acusações e condenações com base menos em normas e mais em princípios jurídicos, que são abertos, vagos e indeterminados por natureza. Consequentemente, isso ampliou o tom e a virulência das discussões políticas.

O fio condutor dos textos que analisam esse cenário, em cujo âmbito a hipocrisia, o pragmatismo e o maniqueísmo tendem a se sobrepor à ética, à moralidade pública e a formas legítimas de ação e participação política, é a consciência da dificuldade de discernir as perguntas que podem e devem ser feitas em contextos marcados por mudanças, indefinições e incertezas. Como analisar acontecimentos que podem provocar rupturas, bifurcações e perturbações na ordem política e jurídica vigente? Como interpretar fatos que podem resultar na reafirmação da efetividade das instituições de direito ou, então, no seu oposto – uma crise institucional com desdobramentos imprevisíveis? A consistência das respostas possíveis a essas perguntas depende de vários fatores. Um deles, e que esta coletânea privilegia, é enfatizar um ângulo nem sempre valorizado pela mídia: o dos padrões hermenêuticos e métodos de interpretação e aplicação das leis. Ele ajuda a afastar o risco de tomar os argumentos dos advogados, procuradores e magistrados e as narrativas por eles construídas em petições e despachos pelo seu valor de face, evitando análises simplistas e simplificadoras do fenômeno da judicialização da vida política e das tensões decorrentes do crescente protagonismo de procuradores e magistrados.

PREFÁCIO

Apontados como um dos fatores responsáveis pela crescente tensão institucional no país nos últimos anos, em que as instituições políticas são auferidas pelos seus graus de degeneração e falta de credibilidade, os magistrados das diferentes instâncias e braços especializados do Poder Judiciário têm sofrido as mais variadas acusações – e de modo cada vez mais contundente.

Por aplicarem sanções penais severas a políticos e empreiteiros condenados por crime de corrupção, juízes criminais federais passaram a ser identificados como ativistas. Por fundamentarem suas decisões no princípio da moralidade e por terem recorrido a técnicas novas e mais eficazes de avaliação de provas, têm sido acusados de relativizar as garantias individuais e privilegiar a criminalização midiática do sistema político. Quando são chamados a arbitrar impasses que o Executivo e o Legislativo não conseguem decidir por seus próprios canais, a magistratura é criticada por judicializar a administração pública e a gestão da economia. Ao acolherem recursos judiciais impetrados por movimentos sociais em conflitos fundiários ou por moradia em centros urbanos, juízes estaduais passam a ser vistos como inimigos da propriedade privada. E quando condenam empresas por violação de direitos trabalhistas, juízes do trabalho são tratados como punitivistas.

Vistas com o devido cuidado analítico, essas críticas são de desigual seriedade, consistência e fundamentação. Algumas, como as que imputam motivação ideológica nos despachos e decisões de magistrados que fizeram especialização ou pós-graduação em países cujo ordenamento jurídico tem origem na Common Law, pecam por enviesamento, preconceito e maniqueísmo. Outras, como as que acusam o Supremo Tribunal Federal de fazer julgamentos distintos para situações idênticas e seus ministros de abusar de decisões monocráticas em detrimento das deliberações coletivas, comprometendo a atividade de uma corte colegiada por natureza, são procedentes. Também têm fundamento as afirmações de que o Supremo Tribunal Federal, cuja função deveria ser moderadora, converteu-se em componente da crise institucional, caminhando para um lado ou para outro conforme as posições individuais e os interesses políticos de ministros dotados de agendas próprias e poder de veto, exercido por meio de pedidos de vista com o objetivo de travar o julgamento ou de vazamento antecipado de voto pela imprensa, para tentar influenciar politicamente a decisão que está sendo tomada.

De fato, pelos números não há como se negar a procedência dessas críticas: do total de decisões tomadas pelo Supremo nos últimos anos, 90%, em média, foram monocráticas. Vistas no mérito, muitas delas parecem sensatas, revelando a experiência, o bom senso e a sólida formação teórica e doutrinária de seus responsáveis. Outras, porém, revelam a mediocridade dos ministros que as tomaram, evidenciada pela superficialidade dos votos, por incoerências lógicas, por ausência de critérios e por desconhecimento da doutrina. O grande problema das críticas dirigidas ao Supremo e demais tribunais superiores, no sentido de que estariam judicializando a administração pública e criminalizando a política e os partidos, é distinguir, assim, os ministros com visão de oportunidade e os que agem por oportunismo político; os ministros conscientes de que seus votos e suas decisões devem orientar o futuro da sociedade e aqueles cujos despachos têm o objetivo de assegurar a sobrevivência das corporações e grupos políticos dos quais vieram.

O objetivo deste livro é justamente discernir as acusações infundadas ao Judiciário e as críticas legítimas. É também verificar as razões pelas quais o aumento de poder do Judiciário e do protagonismo de seus juízes e ministros pode ser visto antes como efeito do que como causa da deterioração do sistema político. Em outras palavras, busca-se avaliar o comportamento dos tribunais após a explosão de graves denúncias de corrupção no poder público, de relações promíscuas entre dirigentes governamentais, funcionários da administração direta e indireta, parlamentares e empresários, e de compra de benefícios e privilégios incorporados às medidas provisórias baixadas pelo Executivo e votadas pela Câmara dos Deputados e pelo Senado Federal. Mais precisamente, importa verificar o quanto as condenações decididas pelas diferentes instâncias da Justiça Federal, com base nessas denúncias, configuram uma espécie de moralismo salvacionista de magistrados ou constituem fontes de modernização institucional e inovação jurídica capazes de preservar o regime democrático e deter a captura dos poderes públicos por empresas, corporações ou grupos de interesse que deveriam ser por eles reguladas.

O livro reúne textos que foram preparados originalmente para conferências, entrevistas concedidas a periódicos, ensaios publicados em blogues jurídicos e culturais e, principalmente, artigos que foram publicados mensalmente entre os anos de 2016 e 2019 na página de opinião do jornal *O Estado de S. Paulo*. Em função do público a que se dirigia, não se tratam de textos acadêmicos, mas os argumentos baseiam-se em conceitos fundamentais da teoria e da filosofia do direito, por um lado, e de modelos analíticos da sociologia jurídica e da ciência política, por outro. Essas são as disciplinas que ensino há décadas nos cursos de graduação e pós-graduação da Faculdade de Direito da Universidade de São Paulo, onde integro o Departamento de Filosofia e Teoria Geral do Direito, e no Programa GVlaw, da Fundação Getúlio Vargas, onde ingressei há muitos anos para lecionar "Direito e Conjuntura".

O pano de fundo de todos os textos aqui reunidos é esse cenário em que o Ministério Público e o Judiciário tentam, num período de desvendamento de um processo bastante enraizado de corrupção sistêmica no país, impor uma agenda de moralização pública. Evidentemente, esse cenário está condicionado por diferentes fatores: da estrutura econômica e do padrão de desenvolvimento do país aos novos tipos de litígio que a sociedade vem produzindo; da estrutura lógico-formal do sistema político-representativo, como está prevista pela Constituição e disciplinada pela ordem jurídica e como ela opera oficiosamente com base em regras não escritas; do caráter eminentemente formalista e normativista dos cursos de direito, apegados aos princípios da legalidade, da soberania e do monismo jurídico, à emergência de um mundo de interdependências que estabelece comunidades acima dos marcos estatais; das exigências de justiça por parte de cidadãos, grupos e classes sociais às tecnicalidades de uma ordem jurídica marcada por um número excessivo de leis, muitas das quais desconectadas do avanço da tecnologia e das novas formas de comunicação; das sombras e jogos de espelho do Brasil profundo à desigualdade na distribuição de justiça e no acesso aos tribunais, em cujo âmbito formou-se uma jurisprudência bacharelesca a serviço de privilégios, como lembram os historiadores do direto.

Num período em que o país atravessa uma das fases mais incertas e conturbadas de sua história institucional, os textos aqui reunidos dão destaque a alguns pontos que julgo importantes para entender esse momento histórico. O primeiro deles diz respeito à aplicação do direito, à interpretação das normas e à tomada de decisões judiciais expressas por meio de uma linguagem de caráter basicamente lógico-formal. Por trás dessa linguagem, contudo, há sempre um juízo de valor e de importância. Por isso, a adjudicação está longe de ser uma operação hermenêutica neutra, mecânica e dedutiva – ou seja, derivada de um conjunto de axiomas de conduta. É por esse motivo que a aplicação do direito e a interpretação da lei costumam ser comparadas por muitos juristas a campos de batalha, dada a incidência de fatores extrajurídicos na decisão judicial, como, por exemplo, argumentos de conveniência, posição política do juiz e pressões da opinião pública. É por essa razão, igualmente, que a justificação e a fundamentação das decisões judiciais têm ganho um peso maior que as próprias leis. Insere-se aí justamente um dos fios condutores da maioria dos textos aqui reunidos: de um lado, o papel das normas e dos princípios no ordenamento jurídico; de outro, a tensão intrínseca a eles na aplicação e na interpretação do direito pelos tribunais.

As regras se expressam por meio de conceitos determinados e operam na base do tudo ou nada, enquanto os princípios, exprimindo-se por meio de conceitos vagos e polissêmicos, atuam como diretrizes de caráter geral. Formulados a partir do ambiente social e moral que envolve a criação do direito, os princípios exercem funções integradoras (disciplinando a resolução dos chamados casos difíceis, aqueles que não estão previstos com clareza pelo direito); funções interpretativas (orientando a compreensão das normas cujo sentido não é claro); e, por fim, funções programáticas ou diretivas (apontando critérios que asseguram uma certa unidade material e identidade sistêmica ao ordenamento jurídico). Ao contrário do senso comum no âmbito da Câmara dos Deputados e do Senado Federal de que o direito significa o que está definido pelo legislador e as leis devem ser aplicadas exclusivamente conforme a literalidade de seu texto, nenhuma interpretação é neutra. Pelo contrário, e sem a necessidade de levar em conta a longa tradição de estudos instigantes sobre objetividade e subjetividade na interpretação do direto, a começar pela corrente realista americana do final do século xix e início do século xx, capitaneada por Oliver Wendell Holmes Jr., juiz da Suprema Corte Americana e professor da Universidade de Harvard, toda interpretação tem um componente metajurídico. Em outras palavras, ela é de algum modo condicionada por interesses, convicções e lealdades do intérprete, componentes esses muitas vezes ocultados por argumentações que, quanto mais técnicas pretendem ser, maior é a probabilidade de não o ser. No direito, dizia Holmes, "uma palavra não é um cristal, transparente e imutável", mas "a pele que encobre um pensamento vivo e que pode variar de acordo com a circunstância e com o tempo em que seja utilizada"[1].

Não é por acaso que, sempre que governantes, parlamentares e empresários são processados por crime de prevaricação, de corrupção passiva e de corrupção ativa, seus advogados tendem a questionar a legalidade das investigações, a validade jurídica das decisões judiciais e os fundamentos legais das condenações. Partindo da premissa de que o direito seria um referencial normativo de caráter descontextualizado e absoluto, a justificativa desse tipo de questionamento é a de que os juízes, ao basearem suas condenações mais em princípios do que em regras, estariam indo muito além da interpretação literal das normas jurídicas. Envolvendo os casos

1. Cf. O.W. Holmes Jr., *The Essential Holmes*, p. 298.

da Operação Lava Jato, que já resultaram na prisão de um ex-presidente da República bastante popular, de um ex-ministro da Fazenda, de um ex-presidente da Câmara dos Deputados, de ex-governadores, senadores, deputados e do herdeiro da maior empreiteira brasileira, esses julgamentos são polêmicos justamente porque dão lugar a divergências sobre quais são os princípios jurídicos que melhor representam a pauta ética e as tradições morais da sociedade, por um lado, e o entendimento (em causa própria) daqueles que os aprovaram no âmbito Legislativo, por outro lado.

Também não é por acaso que esses mesmos dirigentes governamentais, políticos e empresários, esquecendo-se de que a democracia é bem mais do que um sistema político no qual a lei é apenas aquilo que a maioria parlamentar decide, pressionam o Congresso a aprovar um controverso projeto de lei que tipifica abuso de autoridade, punindo o magistrado que não se ativer ao texto das normas. Igualmente, não é por acaso que, na dimensão oposta, o que se tem é a tendência de parte da magistratura de se apresentar como uma espécie de vanguarda capaz de empurrar a história "na direção do progresso moral e civilizatório".

Um bom exemplo desse antagonismo pode ser visto no debate entre os chamados juízes garantistas, que valorizam o *habeas corpus* como símbolo da liberdade individual, e juízes consequencialistas, para os quais esse recurso em hipótese alguma pode ser desfigurado em uso eleitoreiro por este ou aquele líder político, sob o risco de corroer a legitimidade das instituições de direito. Para os garantistas, ao relevar o texto da lei a fim de priorizar os efeitos punitivos das decisoes judiciais, os juízes consequencialistas recorreriam a interpretações excessivamente abrangentes, desprezando as garantias individuais e os valores fundamentais. Por seu lado, os consequencialistas refutam essa crítica, justificando as interpretações abrangentes em nome de métodos mais eficientes que

17

desconstroem esquemas de ocultação de propriedade e elisão de identidade, agilizando assim as investigações e a tramitação do processo. Isso propiciaria aos tribunais uma legitimação pelo resultado – no caso, a moralização da vida política e da administração pública do país. Na realidade, como será visto na primeira parte deste livro, garantismo e consequencialismo são conceitos imprecisos, pouco esclarecedores e que só ganharam visibilidade nos meios de comunicação por causa do maniqueísmo do "nós contra eles", em face da radicalização partidária e eleitoral no país.

Associado à discussão sobre o alcance e as limitações dos métodos de interpretação das leis, o segundo ponto trata da atuação do Supremo Tribunal Federal como um órgão que, além de privilegiar cada vez mais as decisões monocráticas, costuma atrapalhar-se quando atua como órgão colegiado. Como não há pressão nem pela coerência nem pela construção orgânica de uma decisão coletiva, cada ministro fala o que quer, segue critérios próprios e tende a ouvir seus pares – e não propriamente dialogar com eles. Existem julgamentos, inclusive, em que não há clareza nem mesmo sobre o que está sendo debatido, uma vez que cada magistrado pode tratar de aspectos distintos do caso *sub judice* sem, necessariamente, abordar o que foi discutido no voto anterior. Os ministros podem, ainda, expressar-se por meio de frases pretensamente sofisticadas sem, contudo, apresentar raciocínios logicamente encadeados. Com isso, paradoxalmente, as decisões podem ser até unânimes, mas quase sempre acabam sendo tomadas com onze fundamentos diferentes. Desse modo, como é possível extrair daí um precedente?

O terceiro ponto diz respeito à formação da jurisprudência e aos problemas inerentes à sua substituição, à medida que a sociedade evolui. Nas democracias consolidadas, a jurisprudência tende a mudar em ciclos relativamente longos, de duas ou três gerações de ministros. Entre nós, porém, a multiplicação das decisões monocráticas tomadas pelos ministros do Supremo Tribunal Federal, em detrimento das decisões colegiadas, não apenas dificulta a formação de precedentes como também acarreta oscilações em curtíssimo período de tempo na jurisprudência da corte. Há casos, inclusive, de ministros que mudam de entendimento em função de quem está na chefia do Executivo ou tem condições de ascender a ele, como se viu no caso da jurisprudência sobre prisão depois de condenação em segunda instância, que foi alterada mais de uma vez no curto período de seis ou sete anos. Como decorrência da falta de estabilidade da jurisprudência, a mais alta corte não sinaliza uma visão de futuro. Também não há um mínimo de construção de previsibilidade, motivo pelo qual os litígios acabam sendo decididos de modo lotérico.

Como decorrência desse problema, o quarto ponto é o da chamada incerteza jurisdicional, notadamente no que se refere aos contratos e ao funcionamento das instituições. Essa incerteza decorre, entre outros fatores, de mudanças abruptas nas regras do jogo, de vácuo legislativo, de alterações legais incoerentes e de interpretações enviesadas ou extensivas do direito. Dependendo do modo como são decididas, mudanças no ordenamento jurídico tendem a comprometer as expectativas normativas de pessoas físicas e jurídicas. Em vez de gerar previsibilidade e criar precedentes, elas acarretam incertezas e aumentam os custos de transação. Decisões judiciais contraditórias, interpretações excessivamente elásticas de princípios sociais e desconhecimento de noções básicas de economia e funcionamento dos mercados financeiros podem, assim, levar magistrados a tomar decisões equivocadas, tecnicamente ou politicamente enviesadas, com a intenção de proteger o que supõem ser a parte mais fraca nos litígios. Podem os magistrados interpretar a lei com o objetivo de reduzir desigualdades e assegurar inclusão social? Em caso afirmativo, há limites para uma interpretação extensiva que fundamente essas decisões, preservando assim a segurança do direito? São procedentes as críticas de que se converteram em "tenentes togados", graças às suas alquimias hermenêuticas?

O quinto ponto envolve três papéis que poderiam ser atribuídos ao Supremo Tribunal Federal: o papel representativo, o papel iluminista e o papel contramajoritário. O primeiro papel implica a capacidade de atendimento, por parte da magistratura, das reivindicações sociais inequívocas não acolhidas pelo Legislativo. Todavia, quais são os critérios para definir que reinvindicações são inequívocas e o que autoriza a justiça a substituir o Congresso no tratamento de uma matéria que é eminentemente política, por princípio? O segundo papel, o iluminista, pressupõe que os magistrados, agindo com maior determinação do que os políticos, teriam condições de fazer "a história avançar". Contudo, qual é o mandato que dá aos juízes essa prerrogativa? Quais são os critérios para que tribunais *soi disant* "iluminados" possam, indo muito além da função básica de dirimir conflitos, impor um sentido e um futuro para a vida de uma determinada comunidade? O terceiro papel, o contramajoritário, está intrinsecamente ligado à questão da judicialização da política e da politização da justiça. Ele decorre de uma antiga estratégia utilizada por partidos e grupos políticos minoritários na arena parlamentar. Ao perder as votações no Legislativo, esses grupos e partidos sistematicamente recorrem ao Supremo Tribunal Federal seja com o objetivo de pleitear novas votações, seja tentando barrar judicialmente as políticas governamentais. No entanto, em que medida essa tentativa de deslocamento de poder não desfigura a essência da democracia representativa? O que autoriza a magistratura a atuar como árbitra de um conflito que, além de estar sob a jurisdição de outro poder, tem como pressuposto básico a regra de maioria?

Ao longo do período em que escrevi e publiquei os textos aqui reunidos, contei com a colaboração de amigos que fizeram uma leitura crítica, como Celso Campilongo,

José Reinaldo de Lima Lopes, Jean Paul Veiga Rocha e Rafael Pucci, meus colegas de Departamento de Filosofia e Teoria Geral do Direito da Universidade de São Paulo, e Emerson Ribeiro Fabiani, na Fundação Getúlio Vargas. Também contei com o apoio de doutorandos da USP, aos quais recorri pedindo esclarecimentos sobre questões jurídicas muito técnicas e informações sobre direito positivo. Sem o auxílio prestado por Bianca Tavolari, Luciana Gambi e Mariana Valente, além de Patrícia Franco, do jornal *O Estado de S. Paulo*, este livro não teria sido escrito. A todos manifesto minha gratidão.

São Paulo, outubro de 2018.

PARTE I

INTERPRETAÇÃO DAS LEIS,
ABUSO DE AUTORIDADE
E EFICÁCIA DO DIREITO

1. A CRISE E O DEBATE SOBRE A MORALIDADE PÚBLICA

Apesar da respeitabilidade da nova equipe econômica, há dúvidas sobre a capacidade do governo Temer de aprovar medidas para enfrentar a crise fiscal. Além das resistências corporativas para a remoção dos entraves estruturais da economia, o temor é de que faltem aos seus articuladores políticos – e àqueles cujo apoio tentam obter – integridade ética e autoridade moral para colocar em novos termos as relações entre o Executivo e o Legislativo. Mas, se não tivesse nomeado ministros indicados por partidos aliados que não fossem investigados por ilicitudes, conseguiria o governo – diante de um sistema partidário tão fragmentado – obter condições mínimas de governabilidade? Até que ponto basta a bandeira ética para acabar com a corrupção, equilibrar as finanças públicas e levar o país a voltar a crescer?

Entre 1999 e 2001, quando chamou para seu ministério algumas personagens com folha corrida, em vez de biografias virtuosas, FHC sabia que, sem esse tipo de gente, não teria como travar o *impeachment* então pedido pelo PT. Vários professores da USP de sua geração o acusaram de cinismo e imoralidade, causando perplexidade e ira. Um deles o classificou como um dirigente "desbussolado em sua conduta ética, como se a incapacidade de enternecimento ou indignação redundasse numa espécie de loucura moral" e numa "personalidade insensível às misérias da condição humana"[1].

A contundência das acusações levou uspianos próximos de FHC a defendê-lo de forma veemente. Um de seus companheiros de trajetória acadêmica apresentou um argumento polêmico: por ser um jogo político aberto, a democracia só funciona se houver certa tolerância à manipulação de regras e à dissimulação de interesses. Ao contrário do xadrez, onde as regras são bem definidas e as peças seguem movimentos estabelecidos, a política é um jogo impreciso que está sempre construindo suas normas, razão pela qual há uma indefinição essencial no próprio jogo, pois é nela que germinariam as novas regras. Na medida em que o jogo envolve riscos de resultados indesejados, a política se defronta com a politicagem e com trocas de favores que tendem a escapar ao controle de governantes. A dinâmica do jogo político precisa assim de um espaço de tolerância para desvios éticos, sem o qual é impossível governar. Para isso, os governantes têm de cruzar a zona cinzenta da amoralidade.

Depois de acirradas críticas dos dois lados, a polêmica arrefeceu e ressurgiu em 2005 com o mensalão, mas com sinais trocados. Colegas uspianos de FHC acusaram Lula de imoral e cínico, enquanto alguns defensores deste alegaram que, num sistema partidário fragmentando e protagonizado por fisiologistas e clientelistas, ninguém consegue governar sem pôr a mão em coisa suja.

1. F.K. Comparato, A Loucura Moral na Política, *Folha de S.Paulo*, 25 jun. 1995, p. 3.

Pronunciada por artistas vinculados ao PT, a expressão foi mais vulgar, mas acompanhou a tese da zona cinzenta da amoralidade.

O debate ressurgiu outra vez, mas agora num contexto ainda mais complexo. A defesa da ética no trato da coisa pública pelo PT, entre 1999 e 2001, discrepou do modo como o partido exerceu o poder, entre 2003 e 2016. A tese da zona cinzenta da amoralidade foi fortalecida depois que Lula, relegando os argumentos dos intelectuais que o defenderam em 2005 com base na ideia de superioridade política e moral de sua agremiação, afirmou que "nós fizemos o que todo mundo faz".

Essa vida política onde todos seriam iguais foi, no período, marcada por duas novidades. Por um lado, surgiram novas formas de ação política buscando, a partir de manifestos de indignação e de um moralismo difuso, canais inéditos de mediação com o poder. Por outro lado, a corrupção tornou-se sistêmica, com o advento de um aparato paralelo ao Estado legal, funcionando fora do alcance dos mecanismos tradicionais de controle. Um aparato que, aliado a um cartel de empreiteiras, desenvolveu sofisticados mecanismos de desvio e lavagem de dinheiro público, esquemas de ocultação de transações financeiras espúrias e estratégias de elisão de identidades, além de irrigar partidos em troca de apoio. E ainda cooptou movimentos estudantis e sociais para que, a pretexto de reivindicar demandas legítimas, como reforma eleitoral, exprimissem ideias destinadas a dar roupagem ideológica a essa forma de exercício do poder.

O desafio agora é levar o Estado legal a se sobrepor ao aparato paralelo, o que recoloca na ordem do dia o tema da moralidade pública. A reafirmação de um Estado legal sobre esse aparato reinclui na agenda a questão da preservação de um espaço de tolerância para certas faltas, como condição para o funcionamento das instituições. Também exige menor complacência com o cruzamento da zona cinzenta da amoralidade. Investigados pela Lava

Jato costumam alegar que não cometeram atos ilícitos, esquecendo-se de que há condutas eticamente reprováveis que não são abarcadas pela legalidade.

É preciso rever a percepção da coisa pública, pois comportamentos subestimados no passado agora não são mais tolerados. A miséria moral revelada pela Lava Jato nos tornou mais críticos com o que era aceito em outro momento. Hoje se vê com clareza que, quando transige com pequenos delitos, a política tende a se desfigurar, perder legitimidade e até se tornar criminosa. Pequenos desvios éticos podem descambar em ilicitudes generalizadas. No calor da polêmica entre intelectuais uspianos, anos atrás, discutia-se quem tinha razão: os que consideravam a amoralidade indispensável ao funcionamento do presidencialismo de coalisão ou os éticos, para quem a moralidade pública dependeria da qualidade das instituições, como expressões concretas do lugar e do sentido da lei. Em meio à atual crise, cujas ambivalências permitem indagar se o país está próximo de uma regeneração democrática ou na antecâmara de novas aventuras populistas, a retomada dessa discussão é sinal de realismo político.

2. O PROTAGONISMO DO STF E AS FRONTEIRAS DO "ACEITÁVEL"

Em meu último artigo, discuti o papel contramajoritário defendido para o Supremo Tribunal Federal por alguns de seus ministros, como forma de conferir efetividade à Constituição em matéria de direitos fundamentais e assegurar os direitos das minorias contra parlamentos e governos eleitos com base na regra da maioria[2]. Terminei indagando se seus ministros são mais preparados do que parlamentares e governantes para filtrar demandas sociais. Suscitada por uma nova e talentosa geração de constitucionalistas, que enfatizam a força normativa dos princípios jurídicos e defendem a ponderação como método de interpretação das leis, essa discussão envolve questoes importantes, das quais destaco quatro

---

2. Cf. O Papel Contramajoritário do STF, *O Estado de S. Paulo*, 28 jul. 2016.

A primeira questão diz respeito às implicações institucionais da criação judicial do direito. Quando dispositivos constitucionais têm a forma de princípios, que são indeterminados por natureza, como definir critérios minimamente objetivos para interpretá-los, conjugando legitimidade com segurança do direito? Ao ampliar os poderes político-normativo dos juízes, as intervenções extensivas permitem aos tribunais expandir seu campo de atuação, o que tende a criar tensões institucionais.

A segunda questão trata do alcance da representatividade do regime democrático. De acordo com os neoconstitucionalistas, em razão do poder econômico no financiamento eleitoral, de pressões corporativas e da apropriação de verbas públicas por certos grupos, esses sistemas não representariam a vontade majoritária da população. Com isso, os partidos estariam cada vez mais desconectados da sociedade civil, levando-a a encarar a política com indiferença e desconfiança. Assim, ao invalidar um ato do Legislativo, o STF neutralizaria os vícios de representatividade, agindo de modo contrarrepresentativo.

A terceira questão parte do déficit democrático da representação política. Ainda segundo os neoconstitucionalistas, a crise de legitimidade do Legislativo permitiu a expansão do Judiciário, levando-o a se tornar mais sensível aos anseios sociais do que os canais encarregados de promover agregação de interesses e tomar decisões coletivas. Assim, a sociedade se identificaria menos com os parlamentares e mais com os magistrados, que seriam imunes ao populismo.

A quarta questão trata do que chamam de "substantivação" do conceito de democracia. Para eles, a democracia não se limita à regra de maioria e ao papel legislativo dos parlamentos, implicando um aumento do peso político do Judiciário. Se os parlamentos são legitimados pelo voto, a justiça seria legitimada por um processo discursivo ao fim do qual são explicitadas as razões das decisões tomadas. O problema é que, ao recorrer muitas vezes a argumentos extrajurídicos e a juízos de oportunidade não deduzidos das leis interpretadas, os juízes podem construir regras distanciadas das diretrizes gerais da ordem legal. E quanto mais se apegam a princípios e doutrinas muito amplas, mais tendem a extravasar os limites dos casos concretos *sub judice*. Com isso, o Judiciário deixa de operar com base na legalidade e imparcialidade, convertendo-se numa instituição que decide com critérios políticos – e a politização judicial implica parcialidade e protagonismo.

Esses argumentos são polêmicos, por entreabrir uma visão romantizada das virtudes da magistratura e da justiça. Faz sentido a afirmação de que juízes podem ter, com base no título de Excelência, mais representatividade do que quem ascendeu a um cargo legislativo ou executivo com base no voto popular? É aceitável e democrático que um grupo de juízes possa tomar decisões morais e fundamentais em nome de todos ou criar leis que a maioria dos cidadãos terá dificuldades para mudar? Por mais problemas de representatividade que apresente, o Legislativo permite críticas, protestos e vetos, atuando como um mecanismo de desocultação, vigilância e impugnação. São características opostas às do Judiciário, cujos membros sacralizam o princípio da autoridade, cultivam um discurso incompreensível aos leigos e não admitem críticas. O boneco que imitava um ministro do STF, por exemplo, foi classificado pelo presidente da corte como "inaceitável atentado à credibilidade do Judiciário".

Alguns neoconstitucionalistas advertem sobre a arrogância a que os magistrados estão sujeitos. Mas o fazem com indulgência, lembrando que, enquanto parlamentares têm mandatos e muitas vezes negociam favorecimento a interesses particulares em troca de financiamento eleitoral, os juízes não precisam fazer concessões, por terem garantia da vitaliciedade. Também alegam que, como o acesso à corporação se faz por concurso, os juízes viriam de diferentes segmentos sociais, o que lhes daria a representatividade para interpretar melhor a vontade da sociedade.

Esses argumentos pecam pela excessiva idealização da magistratura, como se seus membros fossem anjos, arcanjos e querubins. Dizer que o STF é essencial à democracia é correto. Alegar que ele pode corrigir omissões dos outros poderes também é correto. Afirmar que sociedades complexas exigem formas abertas de raciocínio jurídico, estimulando os juízes a incorporar em suas decisões o respeito ao princípio da dignidade humana, é correto. Reconhecer que o STF assume algum protagonismo quando enfrenta problemas de antinomias jurídicas é aceitável. Mas enfatizar que interpretações contramajoritárias e contrarrepresentativas dão "potencialidades civilizatórias" aos juízes é temerário, principalmente se lembrarmos das conversas telefônicas nas quais um ex-presidente da República cobrava alinhamento político de ministros que indicou ao STF ou do número de magistrados que o CNJ já afastou por desvio de função. Entre os neoconstitucionalistas, há quem diga que são poucas as decisões do STF que ultrapassaram a "fronteira aceitável" do bom senso e do respeito à Constituição. Não é o número dessas decisões que preocupa, e sim os precedentes abertos.

3. A DEMOCRACIA, O DIREITO E O FUTURO DA LAVA JATO

As notícias divulgadas pelos jornais nas últimas semanas têm como denominador comum a erosão do poder público e a diluição das fronteiras entre o lícito e o ilícito, entre os interesses comuns da sociedade e os interesses de grupos com poder de voz, mobilização e veto. Em outras palavras, o aumento descontrolado da violência põe em risco a segurança jurídica. O interesse público foi apropriado por empreiteiras e facções criminosas. O Estado se encontra imobilizado e operadores jurídicos empenhados em restabelecer o primado da lei são acusados de desrespeitar os limites do devido processo legal.

Nos últimos dias, soube-se que em Mato Grosso uma vaga no Tribunal de Contas do Estado custou R$ 4 milhões. No Amazonas, uma desembargadora foi afastada por vender decisões. Em Roraima, uma facção obriga os presos a pagar taxas em troca de proteção. Em Brasília,

33

um ex-presidente da Câmara e um ex-ministro cobraram pedágio na liberação de créditos de bancos públicos. Uma das consequências desse processo é o sequestro da democracia – a captura dos mecanismos representativos. Há eleições periódicas, liberdade de organização partidária e muita propaganda. Podemos votar e ser votados, mas, dada a corrosão causada pelo peso econômico e pelo marketing eleitoral nas eleições, as alternativas ideológicas não se convertem em poder efetivo. Outra consequência é o desmanche da ordem jurídica, seja por meio do retrocesso do estado civil ao estado da natureza, como os motins nas prisões evidenciam, seja pela "venda" de MPs a empresas.

A constituição do Estado moderno pressupôs o monopólio da violência. Embora iguais segundo a própria natureza, nascidos em plena liberdade e dotados de paixão e razão, os homens vivem – como já dizia Hobbes, no século XVII – em permanente disputa pelo poder, estabelecendo um estado de guerra onde é recorrente o uso da violência para sua defesa. Se quiserem a paz, devem seguir a razão e firmar um pacto, abdicando de parte de sua liberdade e a entregando a um soberano revestido de poder e força, que terá a atribuição de assegurar a ordem pública, condição básica da sociabilidade. E, "sem a espada, os pactos não passam de palavras sem força que não dão a mínima segurança a ninguém"[3].

Manifestação cruel desse estado de guerra, o embate entre facções criminosas nas prisões é uma disputa pelo controle do tráfico no país. A desfaçatez de empreiteiras, "comprando" MPs para definir as bases legais das áreas em que atuam, é uma disputa pela apropriação dos gastos governamentais. É como se o poder público tivesse abdicado de suas atribuições, com o prevalecimento dos mais fortes – nos sentidos físico e econômico – nas prisões e em alguns meios empresariais. Cada vez mais inertes,

3. T. Hobbes, *Leviatã*, capítulo XVII.

as instituições só têm funcionado em razão das novas gerações de operadores jurídicos do Estado. Ao contrário das gerações mais velhas, que viveram sob uma ditadura e a insegurança da inflação, as novas gerações formaram-se em tempos de estabilidade monetária. Diferentemente das mais antigas, que viveram num país fechado, as novas gerações são cosmopolitas; fizeram intercâmbio e pós-graduação no exterior, o que refinou sua visão do direito, permitindo-lhes ultrapassar as limitações do formalismo normativista e conscientizar-se de que a mediação dos tribunais nas discussões sobre políticas públicas envolve um jogo cujo centro é a disputa pelo sentido das normas e princípios. Graças a essa formação, identificaram a crescente hegemonia do direito anglo-saxônico num mundo globalizado, em que o fundamento das decisões judiciais tende a ter mais peso do que o texto das leis. Compreenderam que, nesse novo arcabouço jurídico, os direitos têm mais a forma de princípios do que de regras, motivo pelo qual sua interpretação exige ponderação e não subsunção.

Por isso, nesse cenário de deterioração institucional, é injusto afirmar que esses operadores estariam agindo de modo corporativo, exorbitando e comprometendo a governabilidade, inspirados pelo princípio latino *fiat justitia, pereat mundus* (faça-se justiça, mesmo que o mundo pereça). É apressado dizer que, por sacralizarem a ética e não terem projetos de reforma socioeconômica, estariam inviabilizando o processo de repactuação política, minando a democracia e colocando o país na antessala de um autoritarismo justificado em nome de uma redenção moral. Ainda que esse risco exista, as sugestões para conter o pessoal da Lava Jato não passam de iniciativas autodefensivas de quem teme a cadeia. Essas iniciativas só consolidam uma enraizada cultura de ineficiência, permissividade e apropriação do público pelo privado. A proposta de uma lei de abuso de autoridade e a tese de que na interpretação da lei a ponderação deveria ser proibida consistem no antídoto da democracia. Qual a garantia de que as cartas de desculpas, com base nas quais as empreiteiras prometem respeitar a lei, não serão esquecidas? Se tudo pode ser invocado em nome da retomada do dinamismo econômico, como se lê naquele projeto e nessas cartas, a consequência é o enfraquecimento do primado da lei e da democracia. Quando o argumento da necessidade de sobrevivência de políticos e empresas é instrumentalizado para justificar a transigência com atos ilícitos, as instituições ficam comprometidas.

Como a Constituição já prevê medidas para conter operadores jurídicos que exorbitem de suas prerrogativas, é preciso advertir para o risco de que um eventual enquadramento do pessoal da Lava Jato – neste momento enfraquecido com a morte do relator no Supremo, Teori Zavascki – impossibilitará a inculcação na consciência coletiva de que as leis têm de ser respeitadas por todos. Acima de tudo, frustrará os esforços desprendidos para acabar com os vícios da representação política e o sequestro da democracia. E dará sobrevida a autoridades ocultas que, por meio de departamentos de propinas, sempre mandaram ao largo das instâncias de expressão democrática da vontade popular, corroendo as fronteiras entre interesse público e interesses particulares espúrios.

4. INTERPRETAÇÃO JUDICIAL E ABUSO DE AUTORIDADE

Eleita em 1986, a Assembleia Constituinte iniciou seus trabalhos em 1987 – portanto, há três décadas. Mais importante do que a efeméride são as mutações sofridas pelo país no período. Naquela época, os debates giravam em torno de projetos de poder excludentes, com as esquerdas invocando a soberania nacional para defender o intervencionismo governamental e o controle estatal de recursos naturais e setores estratégicos da economia, e os conservadores patrocinando propostas pró-mercado, maior abertura ao capital estrangeiro e medidas destinadas a coibir a inflação, por meio do controle da emissão de moeda e dos gastos governamentais.

Guardadas as proporções, aqueles debates refletiam diferentes visões de mundo e pretendiam moldar a realidade num sentido predeterminado. Traduziam as grandes narrativas de emancipação econômica e política

37

prevalecentes entre o final do século XIX e o final do século XX, como o socialismo, a social-democracia e o liberalismo. O que se almejava era a transformação das relações sociais em nome de distintas visões de futuro. Três décadas depois, partidos que disputavam a primazia de impor um projeto para o país, com base nas grandes narrativas, uniram-se para cometer um estelionato político. O que pretendiam era passar uma borracha sobre as vantagens auferidas por empreiteiras graças a medidas provisórias compradas a peso de ouro e cercear a discricionariedade de procuradores e juízes. Sob o pretexto de coibir abuso de autoridade, primeiramente tentaram tipificar como crime as interpretações que contrariam a literalidade da lei e as divergências hermenêuticas quando não houver "razoabilidade fundamentada". Depois, recorreram a advérbios de modo e conceitos excessivamente abertos na definição do que seria abuso, em casos de prisão preventiva e conduta coercitiva.

Mais do que simplificar o debate sobre o protagonismo de procuradores e juízes, propostas como essas escamoteiam o problema da aplicação de leis abstratas e gerais a casos concretos. A começar pelo fato de que partem da premissa de que haveria uma verdade na norma interpretada, expressa literalmente por seu texto. Por despreparo doutrinário e/ou má-fé, os defensores dessas propostas se esquecem de que a interpretação de um texto legal não se esgota em seu valor léxico, dependendo também das implicações semânticas aduzidas pela coletividade à qual pertence o intérprete e onde ocorrem os conflitos que tem de dirimir. Outra ilusão que tentam vender é a ideia de que o direito seria apenas uma concatenação lógica de proposições, um conjunto sistemático e logicamente coerente de normas. Também por despreparo e/ou oportunismo, esquecem-se de que a ordem jurídica é um sistema em constante mutação, que reflete anseios, valores, conflitos de interesse e distorções estruturais existentes na vida social.

No âmbito de sociedades complexas e heterogêneas, onde a tutela jurídica exige uma combinatória de normas, que são aplicáveis aos casos rotineiros, e princípios, que são aplicáveis aos casos difíceis, a interpretação é um momento essencial e necessário da experiência jurídica. Ela não é um mero ato declaratório – longe disso, implica uma reconstrução do texto legal interpretado. Recorrendo a uma metáfora conhecida por alunos de filosofia do direito, a interpretação não está para a lei como o reflexo para o espelho, mas na relação que liga a semente à planta. As interpretações mais antigas e as mais recentes interagem, modificando o sistema jurídico continuamente. Assim, a interpretação dá sentido, alcance e eficácia à ordem jurídica.

A ideia de que interpretar é mostrar o que a lei diz, com o intérprete buscando o sentido vocabular ou gramatical de um texto legal, entrou em crise nas primeiras décadas do século XIX, graças à vertente historicista da filosofia do direito alemã. Partindo da premissa de que o direito é um fato histórico, um arranjo institucional vivo, essa vertente mostrou que interpretar é compreender a interpretação que o próprio legislador faz dos fatos, no momento em que legisla. Revelou que, apesar de a interpretação jurídica não se confundir com voluntarismo, todo juiz tem dificuldade para se afastar do contexto socioeconômico e cultural em que vive e atua, por maior que seja sua pretensão de isenção. Por isso, o desafio está em equacionar o risco de subjetividade do intérprete, por meio de técnicas hermenêuticas que controlem os efeitos jurídicos de uma decisão judicial, sem, no entanto, neutralizar a discricionariedade dos juízes, que é um fator essencial para a atualização do sistema jurídico.

Dito de outro modo: por mais que esteja submetido a determinados limites hermenêuticos, todo magistrado goza de um momento de liberdade, em matéria de juízo de oportunidade e conveniência na avaliação dos casos sob sua responsabilidade. Essa tensão entre padrões objetivos e discricionariedade, no plano da interpretação da lei, coloca outro problema não menos importante: o da legitimidade dos juízes e procuradores e de suas respectivas instituições. Pode-se dizer o que quiser da atuação da Procuradoria da República e da Justiça Federal no caso da Operação Lava Jato. Contudo, desde que alguns senadores e deputados tentaram manietar o Ministério Público e o Poder Judiciário, tratando no limite do deboche a captura do Estado por empresas e empreiteiras e procurando restringir a discricionariedade de procuradores e magistrados, alegando que caixa 2 faz parte dos usos e costumes da política brasileira, esse pragmatismo cínico e essa hipócrita vinculação entre delinquência sistêmica e tradição jogaram no chão o que restava de credibilidade do sistema partidário. Também corroeram a autoridade do Legislativo, mostrando assim o quão difícil será recuperar a representatividade do sistema político para que ele se torne mais resistente à corrupção e às oligarquias e para que o país possa redefinir as funções do Estado e recuperar as noções de prioridade e de direitos.

5. O PESSIMISMO COMO DEVER CIVIL

Passou despercebido dos cadernos culturais dos jornais, em 2016, o sexagésimo aniversário de *Vila dos Confins*, um livro singular de Mário Palmério, nascido da confluência entre ficção e realidade e que trata da política miúda protagonizada por coronéis, jagunços e cabos eleitorais com suas práticas conhecidas, como trocas de favores, compras de votos, intimidações e fraudes de todo tipo. O livro, cujo enredo é a manipulação do processo político num remoto lugar do sertão mineiro, fez sua época e levou o autor à Academia Brasileira de Letras, mas hoje é pouco lembrado. Talvez porque o universo de que trata, uma cidadezinha dos grotões recém alçada à condição de município, foi substituído por Brasília, a capital do país inaugurada poucos anos após sua primeira edição.

Apesar das diferenças de escala, há muita coisa em comum nos dois universos. Até porque, em Brasília, do chefe do Executivo aos integrantes do Legislativo, passando pela juíza aposentada que exibe título jamais conquistado ou pelo luminar jurídico que – se confirmadas as denúncias de plágio – careceria de reputação ilibada e notório saber jurídico para ascender a ministro de corte suprema, todos olham o mundo não do alto de uma montanha, mas da altura de um rodapé, como as personagens de *Vila dos Confins*. Ainda que espertas, a ponto de patrocinarem projetos de lei que retiram prerrogativas da Justiça Eleitoral e revogam normas penais com base nas quais podem ser condenadas por seus ilícitos, as personagens dos confins brasilienses são intelectualmente toscas e moralmente abjetas. Praticam uma política degradada, onde não há espaço para o exercício de virtudes públicas e compromissos cívicos – uma política praticada num círculo fechado, hipócrita e distante do mundo real.

Esse cenário encerra questões incômodas. Será a sociedade brasileira tão ruim quanto seus representantes? Quase três décadas após a promulgação de uma Constituição que sepultou o autoritarismo, o que explica a incapacidade do regime democrático de construir um poder público legítimo e eficiente? Por que as instituições não conseguem evitar a captura do poder público por presidiários, corporações, parlamentares esfaimados e empreiteiras? O denominador comum dessas indagações é um certo surrealismo. Quem optou por Dilma, em 2014, também votou no esquema que levou no pacote Angorás, Cajús e Lupinões a ocupar cargos estratégicos. A democracia conta com sistemas de contrapesos para proteger os interesses da sociedade e evitar efeitos desastrosos de decisões desinformadas. Mas eles às vezes falham. E quanto mais duradoura é uma decisão tomada por sistemas falhos, maiores são as dificuldades a serem superadas. De que modo um processo democrático pode ser representativo se seus sistemas de controle nem sempre funcionam, como se está vendo com as tentativas de frear as investigações do órgão encarregado pela

Constituição de defender a ordem jurídica e a moralidade pública?

Assim, mesmo que a economia volte a crescer, as decisões políticas desastrosas tomadas por dirigentes e parlamentares com escasso capital político acarreta indignação e revolta. O perigo de tanta aversão à política é o da sedução aos encantos da antipolítica. É a ideia de que a política seria prescindível, podendo ser substituída por gestores. Obviamente, ainda que precise ser submetida a um processo de depuração ética, em hipótese alguma a política é prescindível, pois implica diferenças, conflitos, aprendizado com frustrações e direitos, por um lado, e negociações, compromissos, alianças, pactos e interesses compartilhados, por outro. Esforçando-se para superar os desencantos que o tempo carrega e acreditando que a participação democrática abre a todos a possibilidade de ascender ao poder e governar, há quem diga que a depuração ética pressupõe não só uma renovação da classe política, mas, igualmente, seu rejuvenescimento. Consciente da importância das noções de pluralismo ideológico e da alternância do poder para a efetividade do regime democrático, também há quem lembre que a regeneração democrática requer uma reavaliação das formas de legitimação das relações entre governantes e governados. E há ainda quem diga que, na medida em que a democracia é um mecanismo de vigilância, crítica e protesto, permitindo assim a identificação das fontes de corrupção, a política é a aprendizagem da decepção. Quanto mais eficiente é seu funcionamento, mais decepções e desenganos ela propicia.

São argumentos conhecidos. Para assegurar o sucesso do processo de regeneração democrática e permitir que a política volte a estar à altura do que dela se espera, em matéria de representatividade e responsabilidade, é preciso reduzir o fenômeno político aos seus componentes básicos – as relações de força, de autoridade, de mando e obediência – e retomar questões básicas sobre, por

43

exemplo, a definição do tipo de sociedade que desejamos construir por via democrática e as condições para que se possa converter alternativas partidárias em poder efetivo. Evidentemente, essas questões só têm sentido se forem discutidas com base na realidade brasileira, da qual a grande Vila dos Confins em que se converteu o Planalto Central e seus patéticos protagonistas fazem parte. Diante dos confins do serrado, é preciso ser pessimista – mais precisamente, é preciso valorizar o ceticismo da razão como condição para entender a situação em que o país se encontra e tentar mudá-lo. Há quarenta anos, quando a Itália estava em situação dramática, Norberto Bobbio afirmou que, nos períodos de crise institucional, o pessimismo é um dever civil:

Deixo para os fanáticos, aqueles que desejam a catástrofe, e para os insensatos, aqueles que pensam que no fim tudo se acomoda, o prazer de serem otimistas. O pessimismo é um dever civil porque só um pessimismo radical da razão pode despertar aqueles que, de um lado ou de outro, mostram que ainda não se deram conta de que o sono da razão gera monstros.[4]

4. *As Ideologias e o Poder em Crise*, p. 180.

6. O SUPREMO E O ATIVISMO JUDICIAL

Nas sabatinas promovidas pelo Senado para a escolha dos nomes indicados pelo chefe do Executivo ao Supremo Tribunal Federal, o protagonismo da magistratura nos conflitos institucionais – conhecido como ativismo judicial – foi um dos temas mais discutidos em pelo menos duas oportunidades. As respostas dos sabatinados, ambos professores de direito constitucional, dão a medida das diferenças entre eles, em matéria de visão de mundo, formação teórica, rigor metodológico, consistência doutrinária e compreensão do alcance das atribuições funcionais que pretendiam assumir.

Uma das sabatinas foi a de Alexandre de Moraes. Ao ser interrogado sobre o tema do ativismo judicial, ele fez digressões sobre temas de teoria do Estado, como a questão do equilíbrio entre os poderes. Falando a um número expressivo de senadores investigados pela Operação Lava Jato, e de cujos votos dependia para alçar ao STF, também

45

afirmou que o Judiciário tem legislado indevidamente, intervindo – sem legitimidade popular – nas esferas de ação do Legislativo. A seu ver, quando a atuação de uma corte suprema se torna "acentuada", surge um embate com o Congresso, que pode abrir caminho para uma guerrilha institucional sem ninguém para arbitrar o conflito. Pelo que os jornais publicaram, ao enfatizar o equilíbrio entre norma e interpretação e criticar o subjetivismo de setores da magistratura, ele deu a entender que privilegiará uma visão formalista do direito positivo – o que os políticos assustados com as investigações da Lava Jato chamam de garantismo.

A outra sabatina foi a de Luís Roberto Barroso e ocorreu há quatro anos. Ao responder as perguntas sobre o mesmo tema, ele fez uma distinção entre judicialização da política e ativismo judicial. Para Barroso, a judicialização é um fenômeno resultante da crescente complexidade socioeconômica do país, o que obrigou a Constituição a ter de tratar de uma ampla gama de matérias que antes eram deixadas para a legislação ordinária. Dada a dificuldade de disciplinar essas matérias por meio de regras precisas e objetivas, o legislador constitucional optou por normas programáticas e conceitos indeterminados, como os que valorizam a dignidade da pessoa humana, a boa-fé e a moralidade. Isso mudou drasticamente o significado e a importância da aplicação do direito. Com uma textura mais aberta, essas normas implicam ponderação. Já as regras jurídicas, por terem uma textura fechada, pressupõem subsunção. Por não compreender essa mudança, os juristas mais conservadores acusam o STF de ir além de seu papel de guardião da Constituição. A modificação na atuação da corte foi estimulada por duas outras inovações da Constituição: o aumento da jurisdição do Ministério Público para fora da área penal e a obrigatoriedade de instalação das Defensorias Públicas estaduais. Destinadas a fortalecer a redemocratização, essas medidas ampliaram as reivindicações de justiça por parte da sociedade, multiplicando o número de demandas levadas aos tribunais.

Já o ativismo judicial é uma estratégia mais expansiva e proativa de interpretação do direito, usada pelos juízes para maximizar o sentido e o alcance das normas constitucionais. Mesmo que não se confunda com livre criação do direito, essa estratégia hermenêutica pode gerar tensões institucionais, seja por abrir caminho para a politização da justiça, seja em razão da falta de capacidade institucional do Judiciário para decidir determinadas matérias. Ainda assim, como lembrou Barroso, no cotidiano forense essa estratégia assegura aos juízes a flexibilidade de que necessitam para lidar com problemas não contemplados de modo preciso e específico pela Constituição. Como a ordem jurídica conta com um número cada vez mais expressivo de conceitos indeterminados e de normas principiológicas, dada a complexidade socioeconômica do país, o ativismo judicial está associado a uma participação mais ampla da justiça na concretização dos valores e fins constitucionais, ampliando a interferência dos tribunais nos espaços de atuação dos demais poderes.

O que se viu nas duas sabatinas foram concepções distintas sobre o protagonismo do STF nos conflitos institucionais. O primeiro sabatinado se insere numa corrente normativista, que vê o texto da Constituição como um limitador objetivo em matéria de interpretação do direito. Já o segundo parte da premissa de que a fundamentação das decisões judiciais teria mais importância do que a própria norma constitucional, revelando-se adepto de um constitucionalismo argumentativo e de princípios – corrente para a qual o STF, ao interpretar a Constituição, tem de ser sensível ao impacto de suas decisões sobre setores minoritários da coletividade. A primeira corrente vê o ativismo judicial como problema. A segunda o vê como parte de uma solução capaz de rever injustiças históricas em matéria de poder e riqueza, causadas por dirigentes e parlamentares eleitos.

47

Não se trata de saber, com base nesse debate, quem é progressista e quem não é. Trata-se, sim, de identificar quem é capaz de julgar levando em conta não só o direito, mas também as transformações da sociedade, podendo assim influenciar o STF na tomada de decisões voltadas à regeneração da representatividade democrática e à superação de um momento institucional difícil. A trajetória do STF pode ser vista pela qualidade da formação de seus membros, pela profundidade ou ligeireza do que dizem, pela consistência ou superficialidade de seus despachos, pelos votos inovadores que pronunciam ou plágios de que são acusados. Heterogêneo na sua composição e, portanto, imprevisível nas suas decisões e nem sempre imune a pressões, o STF tem de tudo: de ministros que enriquecem o debate público por meio de votos cujo teor pode ser criticado, mas que, pela solidez de seus argumentos, balizam o futuro das instituições, a aqueles que primam pelo oportunismo, preocupados apenas em garantir a sobrevivência de seu grupo político ou de quem o indicou.

7. JUÍZOS POLÍTICOS E GARANTIAS JURÍDICAS

Dias após o término das ações premiadas de executivos de uma das maiores empresas investigadas pela Lava Jato, advogados conhecidos voltaram a denunciar o descumprimento da Constituição por procuradores e juízes. Também censuraram o protagonismo do Supremo Tribunal Federal, acusando-o de ir além de seu papel de guardião da Constituição. E ainda alegaram que seus ministros estão criando normas, invadindo assim áreas de competência do Legislativo.

Esse embate entre operadores jurídicos faz parte do cotidiano forense. Na defesa de seus interesses, é natural que os membros de cada corporação recorram às mais variadas técnicas hermenêuticas – da interpretação *secundum legem* ou literal, que costuma ser valorizada por advogados de defesa em nome do "garantismo", à intepretação *praeter legem*, mais expansiva e considerada por procuradores e juízes a mais adequada à aplicação de princípios constitucionais, como o da moralidade pública. Por trás desse debate, há os problemas decorrentes do impacto das transformações econômicas, sociais e políticas sobre a arquitetura da ordem jurídica do país. No decorrer do século XX, o legislador brasileiro acostumou-se a editar normas formalmente igualitárias, gerais e abstratas, concebidas com base em rotinas sedimentadas, práticas sociais homogêneas e expectativas comuns de justiça. De certo modo, isso era a garantia de que o custo político de imposição de novas normas seria baixo. Também permitia a sistematização racional das novas normas num só texto legal ou código, abrangendo atividades e atores sociais sem levar em conta suas particularidades. E ainda autorizava os juristas mais formalistas a afirmar que os juízes deveriam encontrar a lei, e nunca fazê-la.

Mudanças ocorridas após a industrialização do país, especialmente entre as décadas de 1950 e 1970, levaram essa estratégia legislativa à exaustão. A industrialização provocou um processo de urbanização que mudou a pauta moral da sociedade, estilhaçou as expectativas comuns de justiça então prevalecentes e acarretou novos tipos de conflito. A sociedade se tornou de tal modo dinâmica, complexa e heterogênea que as rotinas foram corroídas e a sedimentação de novos padrões de comportamento se tornou inviável. A ideia de uma cultura comum que calibrasse as expectativas da sociedade cedeu lugar a uma heterogeneidade de atores sociais, o que multiplicou as situações particulares. Como legislar numa sociedade com essas características? Até o final da década de 1970, o legislador deixou-se seduzir pela ideia de tutela de todas essas situações por meio de um direito codificado. A partir daí, a tutela de situações díspares exigiu um número de artigos e parágrafos tão alto que levou os códigos a perder identidade e consistência doutrinárias. Diante disso, os legisladores decidiram substituí-los por leis especiais elaboradas para dar conta das especificidades de cada setor social e econômico.

O problema é que, à medida que elas se multiplicaram, passando de 66,2 mil textos legais, em 1978, para 141,7 mil, em 2006, a ordem jurídica perdeu unidade lógica. Além disso, os códigos binários implícitos na concepção de regras formalmente igualitárias revelaram-se rígidos demais para dar conta de situações multiformes. Em vez de se prender à distinção entre lícito e ilícito, os legisladores tiveram de adotar normas com textura mais aberta e conceitos indeterminados, o que mudou as estratégias de interpretação do direito. A adjudicação tradicional, baseada em interpretações *secundum legem*, cedeu vez a ponderações e balanceamentos. Defensores de uma interpretação literal, os juristas mais antigos alegaram que, ao dar um sentido concreto a conceitos indeterminados no julgamento de uma ação, os juízes se converteram em colegisladores, invadindo a competência do Legislativo. Já os juristas mais novos lembram que as interpretações *praeter legem* permitem a adequação da ordem legal às sociedades complexas, assegurando a eficácia do direito.

Nesse cenário, ficam evidentes as intenções dos operadores jurídicos "garantistas" face às denúncias dos procuradores da Lava Jato. Ao se prenderem a uma concepção de direito codificado e/ou de leis especiais, eles circunscrevem sua atuação profissional na defesa dos acusados de corrupção a dois pontos: nulidade e prescrição. Isso lhes permite criticar as interpretações das normas mais abertas por juízes e procuradores, denunciando violações processuais. Ainda que não tenha dado certo no julgamento de muitos réus no caso do mensalão, essa estratégia segue um roteiro conhecido: apontar vícios formais, pedir a nulidade das acusações e deixar o tempo correr até a prescrição das denúncias, fazendo da defesa do "garantismo" um discurso politicamente correto. Inversamente, as novas gerações de procuradores e juízes se valem dessa ordem jurídica com normas mais abertas e conceitos indeterminados para agilizar a tramitação dos processos e exigir que os advogados de defesa apresentem provas e documentos que comprovem a inocência de seus clientes.

Estamos diante de um impasse entre legalistas e moralistas? Não creio. Em 29 de março de 1997, um importante jurista de Oxford e Nova York – Ronald Dworkin – tratou desses problemas. Por um lado, apontou a incompatibilidade da visão "garantista" do direito com a dinâmica de sociedades complexas. Por outro, chamou a atenção para o risco de tensões institucionais nos casos difíceis – aqueles em que, quando a interpretação a ser dada a um texto legal não está clara, os juízes não têm outra opção a não ser inovar, com base num julgamento político. Mas, desde que as garantias fundamentais dos cidadãos sejam preservadas, essa não é, segundo Dworkin, uma prática antidemocrática. A seu ver, esse tipo de julgamento é sempre polêmico, uma vez que suscita divergências sobre os princípios políticos que melhor representam as tradições morais de uma comunidade social, política e jurídica. Para ele, essas divergências são reflexo de um desacordo mais profundo sobre qual das diversas justificativas em debate seria moralmente superior. E, apesar de muitas vezes não terem escolha a não ser tomar decisões morais e políticas por si mesmos, os juízes nem sempre estão elaborando outra lei. Ao contrário do que dizem os "garantistas", os juízes teriam uma "visão da integridade" do sistema jurídico. Isso porque, ao aplicar em casos concretos os conceitos indeterminados de uma lei, eles agem como se atuassem como romancistas ao quais foi solicitado que elaborassem um novo capítulo na sequência do que já foi escrito por outros. Assim, os juízes não podem começar um romance próprio, devendo apenas desenvolver temas relacionados com as personagens e a trama já tratados no romance inacabado. Para Dworkin:

A visão de integridade esclarece como os juízes podem ser criativos, sem contar apenas com suas puras convicções pessoais.

Pode-se pedir a eles que decidam quais os princípios de justiça já embutidos na lei da comunidade. Contudo, é mais democrático pedir que tornem uma lei em evolução mais consentânea com o senso histórico de justiça da comunidade do que lhes pedir que exerçam seu critério individual para elaborar a lei que preferirem.[5]

Se ele estava certo, quanto mais mantiverem a coerência das decisões já tomadas e não se deixarem levar por bravatas midiáticas, mais os operadores da Lava Jato estarão consolidando uma ordem jurídica capaz de impedir a captura do poder público por conluios entre partidos e empreiteiras.

---

5. Visão de Integridade, *O Estado de S. Paulo*, 29 mar. 1997, p. 2.

8. OS FUNDAMENTOS DAS DECISÕES DO STF

O maniqueísmo que marca a vida política do país, dividindo-a entre heróis e anjos caídos, advogados garantistas e procuradores moralistas, políticos venais e juízes virtuosos, não tem poupado o Supremo Tribunal Federal. Há quem afirme que a corte está indo além de seu papel de guardião da Constituição, comportando-se como um poder constituinte permanente ao se valer de interpretações extensivas para criar regras específicas não previstas pela ordem jurídica. Há quem acuse ministros de tomar decisões com base em suas convicções morais e políticas, desprezando a letra da lei ou alterando as regras do jogo no decorrer do próprio jogo. E há quem critique a corte seja por assumir um papel contramajoritário, oferecendo às minorias respostas a demandas por justiça não atendidas pelas instâncias legislativas tradicionais, seja pelo risco de criminalizar a classe política, tornando acéfalos os mecanismos de representação democrática.

O crescente protagonismo do STF decorre de vários motivos. Um deles é a opção de alguns ministros por interpretações expansivas ou pela carreira solo. Mas há outros mais importantes. Se a corte participa cada vez mais da vida política é porque tem sido convocada para arbitrar conflitos que paralisam o Legislativo e impasses entre o Congresso e o Executivo. Além disso, ela tem sido chamada para ratificar constitucionalmente determinadas políticas públicas, dada a vontade dos partidos derrotados no jogo parlamentar de revertê-las judicialmente. Há ainda situações em que o STF é demandado a suprir omissões do legislador, como no caso da regulamentação da greve no serviço público, e a declarar constitucionais ou inconstitucionais questões polêmicas do ponto de vista moral, como aborto e pesquisas com células-tronco.

Por isso, a avaliação que tem sido feita do protagonismo do STF peca pela falta de foco. O problema não está na criação judicial do direito por ministros ativistas, mas na forma de agir, julgar e decidir da corte em seu papel de tribunal constitucional. Em vez de construir uma decisão acerca da constitucionalidade de uma lei ou ato normativo, fundamentando-a com rigor lógico e consistência doutrinária, cada ministro acostumou-se a enunciar seu voto independentemente do entendimento dos demais colegas. A leitura de votos preparados antes dos debates em plenário, sempre extensos e com linguagem de difícil compreensão, alto grau de abstração e desnecessária demonstração de erudição, no âmbito de um órgão que deveria ser colegiado por natureza, faz com que o STF seja integrado por onze ilhas. O resultado é que, uma vez tomada uma decisão por maioria ou unanimidade, é difícil saber quais foram o denominador comum dos votos vencedores e os fundamentos do resultado.

Obviamente, os ministros baseiam seus votos em textos legais – além de levar em conta princípios e doutrinas jurídicas. Mas suas leituras são quase sempre discrepantes e o regimento do STF enfatiza mais a conclusão a partir de critérios numéricos do que com base na convergência das fundamentações. Formada na tradição do normativismo, corrente que entende que as normas devem ser objetivas, precisas e interpretadas à maneira do tudo ou nada, a velha guarda de constitucionalistas – com exceções – não se sentiu atraída por esse problema. Já a nova guarda o descobriu, consciente de que os princípios, em virtude da indeterminação de sua linguagem, possuem uma perspectiva que as regras não têm – uma medida de importância ou peso. Quando os princípios eventualmente se chocam, o intérprete tem de levar em conta a força relativa de cada um. E isso exige balanceamento de valores, bem como um diálogo com foco e convergência entre os ministros. Integrantes das novas gerações, os constitucionalistas Fábio Leite e Marcelo Brando lembram o julgamento de uma Ação Direta de Inconstitucionalidade de uma lei paulista de 1992, que concedeu a estudantes o direito a meia entrada em cinemas e shows[6]. À época, dois ministros – Marco Aurélio e Cezar Peluso – reconheceram a procedência da ação, porém com base em fundamentos distintos. Um alegou que a lei paulista violava a livre iniciativa. O outro afirmou que ela interferia em contratos. Suponha-se que dois ministros tivessem acompanhado Marco Aurélio e outros dois seguissem Peluso e os demais entendessem que a lei era constitucional. Haveria nesse caso, segundo Leite e Brando, seis votos pela procedência da ação – maioria, portanto. Mas isso não esclarece qual teria sido a linha argumentativa que prevaleceu na decisão. Como a maioria foi formada? Pode uma corte suprema invalidar uma lei aprovada pelo Legislativo mediante um processo decisório baseado na mera soma dos votos? indagam os dois constitucionalistas. Em suma, qual a legitimidade de uma corte constitucional que pode invalidar uma lei

---

6. Cf. Dispersão de Fundamentos no STF, *Direito, Estado e Sociedade*, v. 48.

com base numa simples união de votos, numa maioria que, do ponto de vista substantivo, não é maioria alguma?

Não há respostas fáceis a essas indagações. E a polarização das discussões, com procuradores e magistrados defendendo a supremacia judicial e parlamentares e partidos políticos defendendo a supremacia do Legislativo só agrava o problema, abrindo caminho para impasses institucionais. A verdade é que a dispersão ou fragmentação dos fundamentos das decisões do STF têm um custo elevado, em termos políticos, e podem gerar situações de fato com consequências sociais e econômicas imprevisíveis. Neste momento em que é criticado por seu protagonismo, o STF está apanhando pelas razões erradas. Como disse, o problema da corte não está no ativismo de alguns ministros, mas na concepção equivocada do modo de decidir do tribunal. E isso só poderá ser resolvido por meio de uma reforma institucional ampla, responsável, sem atropelos constitucionais – e não por gambiarras jurídicas concebidas às pressas por políticos preocupados apenas em afastar a qualquer preço o risco de uma condenação judicial.

9. O CONTROLE DA CONSTITUCIONALIDADE

Dentre os casos de inadequação de doutrinas estrangeiras importadas às condições da sociedade brasileira, um dos mais significativos é o relativo ao controle de constitucionalidade das leis. Trata-se de um mecanismo que tem como premissa a supremacia da Constituição sobre o ordenamento jurídico e sobre as atividades do Estado. Justificado em nome da segurança do direito e da compatibilidade dos atos do poder público com as normas constitucionais, esse controle tem por objetivo verificar se as leis que compõem o sistema jurídico são materialmente compatíveis com o que é previsto pela Constituição.

Essa preocupação surgiu no início do século XIX, com a construção jurisprudencial da Corte Suprema americana, e cresceu no século XX, após a Segunda Guerra. Hoje a Constituição é vista como uma norma estruturante, dotada de força vinculatória para os órgãos legislativos e governamentais. Assim, um ato jurídico só estará em conformidade com ela quando não violar formalmente o processo legislativo nem contrariar os parâmetros materiais fixados por normas e princípios constitucionais. A atribuição do controle desses atos e do processo legislativo aos tribunais é uma garantia para as liberdades públicas.

O controle da constitucionalidade das leis se dá por dois modos. Um é o controle concentrado, atribuído a um órgão específico, como um tribunal constitucional ou uma corte suprema, que atua tanto como última instância judicial quanto como corte constitucional. O outro é o controle difuso, que permite aos juízes de qualquer braço especializado do Judiciário apreciar uma alegação de inconstitucionalidade de uma lei e declará-la inválida, decidindo pela sua não aplicação num caso concreto. No Brasil, prevalece um sistema híbrido, difuso e concentrado ao mesmo tempo. É devido a essa hibridez que o ativismo se espraiou nas instâncias inferiores do Judiciário e permitiu que o STF ampliasse seu campo de atuação, atritando-se com os demais poderes.

Esse fenômeno tem sido exponenciado por vários fatores. Um é a inflação normativa. O número de leis no país pulou de 66,2 mil em 1978 para 141,7 mil em 2006, chegando a cerca de 180 mil hoje. A esse fator se incorporam dois outros: o alto número de normas constitucionais com conceitos indeterminados, por um lado, e o fato de a justiça brasileira não dar valor aos precedentes, por outro. Isso sobrecarrega o sistema de controle difuso da constitucionalidade, tornando-o potencialmente gerador de insegurança jurídica. Entre outros motivos, porque as diferentes instâncias da justiça têm mais de 17 mil juízes com graus distintos de especialização e formação teórica. Todos podem deixar de aplicar leis aos casos *sub judice* com base em sua percepção de justiça, convicções doutrinárias e visão de mundo, o que multiplica os riscos de decisões discrepantes sobre um mesmo tema. Mais de 17 mil magistrados promovendo o controle difuso de tantas leis já é por si algo complexo, o que abre caminho para o protagonismo e o ativismo judicial. Basta ver a resistência de alguns juízes do trabalho à reforma trabalhista, deixando de aplicar as novas regras sob a justificativa de que são inconstitucionais. No limite, portanto, o risco é de corrosão da unidade sistêmica e da identidade doutrinária do sistema legal.

Nesse cenário de incertezas, o desafio é identificar quais leis são de fato levadas a sério, o que permite aos advogados das partes acostumadas à litigância recorrer às mais variadas estratégias para tentar influir na formação do convencimento dos juízes, quando promovem o controle difuso, e dos ministros do STF, quando promovem o controle concentrado. Em tese, as disputas judiciais devem ser processualmente igualitárias entre as partes. Na prática, porém, os litigantes habituais – como sindicatos e entidades de servidores acostumadas a recorrer aos tribunais para obter vantagens corporativas – são hábeis no enfrentamento desse desafio. A ação que discute a inconstitucionalidade do auxílio-moradia de promotores e juízes é exemplo disso. Como lembra o jurista americano Marc Galanter em seu estudo sobre o desempenho dos litigantes habituais e litigantes eventuais nos tribunais, os advogados dessas corporações sabem explorar brechas da Constituição, desenvolvem estratagemas para a construção de uma jurisprudência constitucional favorável aos seus clientes e têm pronto acesso a especialistas. "Quem tem mais sai na frente", diz o autor[7]. Com isso, as corporações com voz, poder de pressão e *expertise* judicial conseguem valer-se do sistema de controle da constitucionalidade, notadamente o difuso, para preservar interesses e até privilégios.

O impacto na governabilidade é só um dos lados do problema da hibridez do sistema de controle da

---

[7]. Why the "Haves" Come out Ahead: Speculations on the Limits of Legal Change, *Law & Society Review*, v. 9, n. 1.

constitucionalidade. Associado à nossa herança cultural e burocrática, o outro lado está em determinadas implicações do controle difuso. Quando utilizado em larga escala por litigantes habituais na defesa de vantagens corporativas, ele propicia ativismo a quem jamais teve voto e também aprofunda deformações patrimonialistas do Estado. Por isso, se houver revisão constitucional como propõem alguns presidenciáveis, será uma oportunidade para valorizar o controle concentrado da constitucionalidade das leis e reavaliar o controle difuso, com o objetivo de afastar riscos de vícios patrimonialistas e manobras de litigantes habituais. Evidentemente, o STF não é imune a esses riscos. Mas a visibilidade dos julgamentos de interesses eticamente discutíveis dos litigantes habituais, exponenciada pela possibilidade de realização de audiências públicas, permite que a sociedade se mobilize para pressionar a corte a barrá-los, o que não acontece no controle difuso.

10. INTERPRETAÇÃO LEGAL E DISSENSO JUDICIAL

Até onde os juízes podem guiar-se pelas consequências desejadas de suas decisões, sem risco de perder o controle dos conflitos sob sua responsabilidade? Nos julgamentos de parlamentares e empreiteiros envolvidos numa corrupção sistêmica e pluripartidária, as decisões da Justiça Federal têm sido políticas? Ou são decisões técnicas, ainda que tenham efeitos políticos? Num período de forte expansão do crime organizado, corroendo as instituições por dentro, os sistemas jurídicos estão estruturados logicamente, oferecendo solução única para cada caso concreto? Enfim, diante de um problema de interpretação no qual várias soluções aparecem como possíveis, de quais critérios dispõe o juiz para escolher uma solução?

Perguntas como essas ajudam a compreender porque o STF, afetado pelo excessivo nível de politização na escolha de seus últimos ministros, dividiu-se na questão da execução provisória das sentenças condenatórias de segunda instância, inclusive no caso de prisão. Também ajudam a ver que as teorias que sustentaram um determinado modelo de prática jurídica – valorizando a coerência lógica do direito e a objetividade na aplicação de suas normas – parecem exauridas. Essas perguntas estão ligadas ainda às discussões sobre a distinção entre princípios e regras – e, por tabela, ao problema da interação entre direito, política e moral na interpretação das leis. E entreabrem a tensão entre dois modos de olhar o direito. Por um lado, a corrente que o vê como um sistema harmônico de normas objetivas e passíveis de serem aplicadas de maneira técnica e neutra pelos juízes. Essa é a corrente normativista, que enfatiza o encadeamento lógico-dedutivo das regras e valoriza o esforço de ordenação da validez formal das normas do sistema jurídico. Por outro, estão correntes que se opõem à aplicação mecânica e neutra do direito. São as chamadas teorias críticas, para as quais não há norma sem sentido, não existe sentido sem interpretação e toda interpretação encerra alguma subjetividade na fixação do sentido das normas, o que faz com que a adjudicação se converta num campo de enfrentamento político, já que os juízes podem optar pelas mais variadas interpretações para fundamentar decisões que considerem justas.

A corrente normativista põe o foco na exegese das leis e na afirmação do caráter apolítico da adjudicação. A ideia é de que existem métodos de interpretação que limitam a discricionariedade do aplicador do direito, assegurando com isso a unidade das práticas interpretativas. Nessa perspectiva, a atitude dos juízes é eminentemente analítica, uma vez que olham as situações sociais a partir das normas. Lembrando O. Wendell Holmes, da Suprema Corte americana, é como se o sistema jurídico, a exemplo da matemática, derivasse de um conjunto de axiomas de conduta. O outro modo de encarar o direito é baseado na realidade social. Aqui, a atitude dos juízes tende a ser teleológica, uma vez que olham as normas a partir de situações concretas. O denominador entre as variantes do antinormativismo – que vão do realismo ao neomarxismo, passando pelos *Critical Legal Studies* – é a premissa de que toda interpretação jurídica estaria marcada por conflitos entre valores que não podem ser resolvidos de modo neutro. Como o direito é produto de conflitos coletivos e contingências históricas, as decisões judiciais seriam condicionadas por fatores extrajurídicos, como argumentos de conveniência política e pressões da opinião pública. Na tentativa de desconstruir o formalismo jurídico e desvendar o sentido político da atuação dos juízes, os antinormativistas alegam que as pretensões de neutralidade e racionalidade ocultam o modo como as elites se beneficiam do direito positivo, em detrimento do resto da população.

Esse modo de ver o direito tem o foco voltado a questões sobre a sua eficácia, o caráter indeterminado dos postulados normativos e as contradições do normativismo. Nos anos 1950, antinormativistas empenharam-se em identificar os contextos históricos subjacentes à produção de leis e sentenças e em apontar as contradições das doutrinas que apresentavam uma imagem coerente e neutra das práticas jurídicas. Nos anos 1960 e 1970, chamaram a atenção para a defesa dos direitos civis como forma de crítica política ao normativismo então hegemônico nos meios forenses. Nos anos 1980, enfatizaram a democratização do acesso aos tribunais, mudanças no perfil da litigiosidade, valorização das políticas de ação afirmativa e defesa de uma atuação mais efetiva das cortes supremas em favor de minorias. Na transição do século XX para o XXI, destacaram a emergência de novos desafios políticos e as reformas do direito, decorrentes da necessidade de os Estados o adaptarem a um contexto de reformas monetária, previdenciária e trabalhista e das novas formas de atuação de movimentos sociais. Assim, com a judicialização da política e a multiplicação de lacunas e ambiguidades na ordem jurídica advindas dessas reformas, as discussões sobre os limites da interpretação do direito se converteram em campo de luta política.

O confronto entre modos opostos de olhar o direito revela mudanças significativas no desempenho dos tribunais e em sua cultura jurídica. Também dá a medida das dificuldades do trabalho judicial numa realidade política e social complexa. No seu dia a dia, juízes de diferentes instâncias vivem sob pressões conflitantes. Em virtude das brechas e contradições numa ordem jurídica em reformulação, eles têm margem alargada de discricionariedade para criar direito. No entanto, devido à obrigação de justificar suas decisões, fundamentando-as em normas, princípios, precedentes e súmulas, essa discricionariedade tem seus limites. Como as fronteiras entre a criação e a restrição são porosas, essas pressões conflitantes explicam o descompasso entre o teor das sentenças da primeira instância da Justiça Federal, nos processos da Lava Jato, e o constrangedor –mas não surpreendente – dissenso entre os ministros do STF no julgamento dos recursos impetrados contra elas.

11. A DELAÇÃO PREMIADA E SEU PONTO DE EQUILÍBRIO

Polêmico quando visto da óptica das garantias fundamentais, mas adotado com sucesso por vários países como estratégia de combate à máfia e ao terrorismo, o instituto da delação premiada foi consolidado na ordem jurídica brasileira pela Lei nº 12.850, de 2013, que trata das organizações criminosas. Ele já estava previsto – porém, de modo impreciso – em outros textos legais editados no final dos anos 1990, como a Lei da Lavagem de Dinheiro, a Lei de Proteção a Testemunhas Ameaçadas e a Lei dos Crimes Contra o Sistema Financeiro. Por meio desse mecanismo, o suspeito ou o acusado que colaborar com o Ministério Público pode ser beneficiado com redução de pena e aplicação de penas alternativas.

A ideia não é nova. Nos Estados Unidos, a delação premiada já é conhecida desde as discussões da teoria dos jogos sobre o dilema do prisioneiro, entre os anos

1950 e 1960, que enfatizava a indecisão entre cooperar ou trair com base na suposição de que cada acusado de um crime almeja aumentar ao máximo sua vantagem, não lhe importando o destino de seu cúmplice. Na Itália dos anos 1970 e 1980, Norberto Bobbio discutia a combinação entre sanções penais e sanções premiais com vista à eficácia do direito positivo, ao mesmo tempo que criminólogos italianos – inspirados pelo utilitarismo de J. Bentham – relacionavam autonomia da vontade e recompensa no âmbito do direito penal e processual penal.

Entre suas implicações, a delação premiada destaca-se pelo pragmatismo como instrumento de combate à criminalidade complexa. Decorre daí a tensão entre a ideia de maximização da eficiência, por um lado, e a ideia de garantias fundamentais, por outro. Subjacente à delação premiada, há assim uma tensão entre uma racionalidade de princípios, baseada em compromissos éticos, e uma racionalidade voltada mais para a consecução de resultados do que para questões morais. Para seus críticos, a delação premiada desequilibraria o confronto processual entre as partes. Para seus defensores, é uma forma eficaz de obtenção de provas, sendo decisiva para a preservação das instituições. Nessa linha de argumentação, instituições são as regras do jogo estabelecidas por lei, no plano formal. Por isso, a delação premiada pressupõe, nessa perspectiva, uma análise de custo/benefício: em troca de medidas que podem assegurar o bom funcionamento das instituições no plano penal, como identificação de coautores de delitos e desvendamento da estrutura hierárquica de uma organização criminosa, o contrato de delação abre para os delatores, além do abrandamento da pena, a possibilidade de ser conduzido em juízo separadamente dos cúmplices e de poder cumprir pena em prisão distinta da dos demais condenados.

Inspirada no direito americano, a Lei nº 12.850/13 teve forte impacto num universo jurídico-penal tão ritualizado e de cariz romano-germânico como o brasileiro, cujo formalismo permite aos advogados prender-se a minúcias processuais para apontar eventuais nulidades e esperar pela prescrição dos crimes de que seus clientes são acusados. As raízes romano-germânicas de nosso direito penal estão na base da tradição bacharelesca do país. Isso explica as dificuldades enfrentadas por criminalistas da velha guarda – que estavam acostumados a priorizar mais as teses jurídicas do que os próprios fatos – frente ao uso sistemático, pelo MP, de sofisticadas tecnologias de informação, buscas e apreensões, condutas coercitivas, ações controladas e técnicas de desconstrução de intrincados esquemas de ocultação de identidades, propriedades e ganhos de capital. Nos últimos anos, como aponta Joaquim Falcão, professor de direito da FVG Rio, procuradores e juízes criminais mais jovens, forjados na cultura jurídica anglo-saxônica, adaptaram-se bem mais à complexidade técnica das novas leis penais e processuais do que os criminalistas mais velhos.

Forjada com base nessa cultura, a Lei nº 12.850/13 trouxe avanços com relação às leis anteriores, que não regulamentavam o uso dessa técnica de investigação, deixando colaboradores numa situação de incerteza jurídica. Ela permite, por exemplo, acesso aos termos da delação aos demais corréus durante o processo, o que não acontecia antes. Sua aplicação, porém, tem sido polêmica. Em primeiro lugar, devido à ampla discricionariedade conferida ao MP para negociar com os acusados. E, em segundo lugar, porque prisões temporárias e preventivas alongadas, muitas vezes determinadas sem motivação cautelar precisa, induzem os presos a delatar, desfigurando com isso a espontaneidade implícita no instituto da delação premiada.

Na doutrina, são acirradas as discussões sobre se a delação premiada é compatível com o Estado de Direito. Na mídia, o debate circunscreve-se à concentração de poder do MP. No Legislativo, prevalece a desfaçatez – agindo em causa própria, a classe política quer aproveitar a reforma da legislação processual penal para desfigurar as regras da delação premiada, da prisão preventiva e da condução coercitiva. O debate ganharia mais rigor se, a partir de uma análise da experiência acumulada pelos países que adotam o instituto da delação premiada, fosse possível identificar um ponto de equilíbrio que permitisse sua aplicação sem ferir direitos. Até que ponto essa experiência revela ser possível compor, de modo balanceado, garantias fundamentais, eficiência investigativa e justiça na formalização dos contratos de delação?

Pelo modo como firmou alguns contratos de colaboração, na Lava Jato, o MP foi acusado de gerar instabilidade política, premiar empresários corruptos, prejudicar a retomada do crescimento e pôr em risco a agenda de reformas. Por mais que essas críticas sejam discutíveis, pois o órgão não pode deixar de cumprir suas atribuições constitucionais, só a partir de uma análise comparativa do modo como a delação premiada tem sido aplicada é que se poderá saber se o uso desse mecanismo dará ao Brasil condições efetivas para coibir a corrupção sistêmica e se reerguer política e economicamente.

12. CORRUPÇÃO SISTÊMICA E DIREITO PENAL

No julgamento do mensalão, as discussões no STF giraram em torno da "teoria do domínio do fato", doutrina criada por criminólogos alemães que dá margem às mais variadas interpretações, inclusive políticas. No julgamento das ações sobre corrupção sistêmica da Petrobrás e da Odebrecht, abertas com base numa operação que mudou os padrões de investigação criminal no país, destacam-se as acirradas discussões entre juízes de primeiro grau e de tribunais superiores sobre o alcance das leis penais mais recentes, que fundamentam as condenações de políticos e executivos acusados de atos ilícitos contra a administração pública nacional e estrangeira.

Uma dessas leis é a que trata das organizações criminosas (12.850). Sancionada em 2013, já propiciou um número expressivo de delações premiadas de dirigentes de corporações – só na Petrobrás foram mais de 60 e na Odebrecht, 77. Outra é a Lei Anticorrupção (12.846/13), que referendou o compromisso do Brasil – um dos últimos signatários sem lei própria na matéria – na Convenção Antissuborno da OCDE. Antes dela, uma empresa que fosse objeto de uma investigação podia alegar que o ato de corrupção foi iniciativa isolada de um funcionário, sendo trabalhoso comprovar a culpa de diretores e controladores. A lei introduziu a responsabilidade objetiva da pessoa jurídica, permitindo que uma empresa acusada de corromper agentes públicos e fraudar licitações seja punida por corrupção, independentemente da prova de dolo e conhecimento dos administradores envolvidos.

As fontes de inspiração da Lei Anticorrupção são leis americanas concebidas para garantir igualdade de condições entre competidores nos mercados nacionais, punindo empresas que obtêm vantagens subornando agentes de governos locais. Editado em 1977, o Foreign Corrupt Practices Act (FCPA) proíbe que operem nos Estados Unidos, independentemente de sua nacionalidade, empresas acusadas de subornar autoridades em outros países. Também tem jurisdição extraterritorial, à medida que pune empresas envolvidas em corrupção, quer o ilícito ocorra fora ou dentro do território americano. E estende as punições aos gestores e acionistas, a despeito do local de residência. Nos últimos seis anos, o Department of Justice (DoJ) e a Securities and Exchange Commission (SEC) processaram mais de sessenta empresas por violação do FCPA. Em 2008, a Total pagou US$ 398 milhões para arquivar a acusação de ter subornado dirigentes iranianos. Acusada de ter um padrão de suborno sem precedentes, a Siemens pagou US$ 800 milhões.

A concentração do poder empresarial e a integração mundial dos mercados financeiros exigiram mudanças radicais num direito positivo elaborado com base em quatro pilares – soberania, poder, território e representação. Obrigados a se ajustar a cenários complexos, operadores jurídicos passaram a ter dificuldades de enfrentar conflitos inéditos por meio de normas concebidas para realidades mais simples. No campo do direito penal, considerado a manifestação jurídica por excelência da soberania dos Estados, essas dificuldades foram criadas pela expansão do narcotráfico, por fraudes financeiras e terrorismo. Por envolverem sofisticadas redes de transgressão, esses delitos têm caráter transnacional, o que levou a articulação entre os recursos ilícitos captados por essas redes e os circuitos bancários a pôr em xeque o direito penal com jurisdição territorial. Como enfrentar o crime transnacional organizado com tipificações e procedimentos penais forjados para crimes interindividuais e de alcance nacional?

Desde então, cresceu a opção por novos critérios para determinar uma jurisdição penal transterritorial, sob influência do pragmatismo inerente à cultura jurídica anglo-saxã, em detrimento do formalismo da cultura romano-germânica. A OCDE tem estimulado a assinatura de convênios para fechar paraísos fiscais. Nos Estados Unidos, para adequar o FCPA a redes transnacionais de transgressão, o Sarbanes-Oxley Act, editado em 2002, após o escândalo da Enron Corporation, e o Dodd-Frank Act, editado em 2010 com o objetivo de proteger investidores contra falências bancárias, ampliaram o número de casos passíveis de punição. Quando a corrupção na Petrobras foi denunciada, Dilma Rousseff tentou desqualificá-la. No entanto, meses depois, a PwC Brasil, que auditava as contas da empresa, negou-se a aprová-las caso o presidente de uma subsidiária, acusado de irregularidades, não fosse afastado. Em seguida, o DoJ e a SEC abriram investigações para apurar denúncias de corrupção. Esse caso contrasta com o que afirmavam os juristas ingleses do século XVIII. "O que não está no território está fora do território", diziam, ao justificar a circunscrição do direito penal às fronteiras de cada país. Como opera nos Estados Unidos, a Petrobras está sujeita ao FCPA, podendo ser investigada pelo DoJ e pela SEC. A particularidade está no fato de que é controlada por um governo estrangeiro.

Nesse cenário, são inevitáveis tensões entre os planos locais e supraestatais de enfrentamento do crime transnacional. No plano nacional, é natural que investigações de corrupção sofram pressões políticas. Como as inovações introduzidas pela legislação anticorrupção são recentes no país, elas contêm falhas – a Lei nº 12.846/13, por exemplo, não define com clareza os limites dos órgãos com competência punitiva para firmar acordos de leniência. Isso permite que algumas decisões dos juízes da Lava Jato não apenas possam ser criticadas juridicamente como também sirvam de pretexto para que sejam agredidos moralmente por políticos. Esse clima estimula o Congresso a patrocinar projetos que cerceiam procuradores e magistrados. Nos países em que as mudanças no direito penal foram promovidas há mais tempo, como nos Estados Unidos, o cenário é outro. Nele, prevalece o rigor do FCPA, que blinda investigações de denúncias de corrupção contra pressões políticas, garantindo que executivos e acionistas – da matriz ou de coligadas – condenados por corrupção não fiquem impunes. Quando o Brasil estará numa situação como essa?

13. PROCESSO LEGISLATIVO COMO BALCÃO DE NEGÓCIOS

> *O grande jogo da história será de quem se apoderar das regras, de quem tomar o lugar daqueles que as utilizam, de quem se disfarçar para pervertê-lo, utilizá-las ao inverso e voltá-las contra aqueles que as tinham imposto; de quem, introduzindo-se no aparelho complexo, o fizer funcionar de tal modo que os dominadores se encontrarão dominados por suas próprias regras [...].*
>
> MICHEL FOUCAULT, *Microfísica do Poder*.

Ao aceitar denúncia do Ministério Público Federal, levando um ex-presidente da República – acusado de venda de medidas provisórias – a responder por crime de corrupção, a Justiça Federal colocou na ordem do dia o problema da mercantilização das decisões do poder público – o "toma lá, dá cá", o *do ut des* do direito romano numa variante caricata, que imprime às relações políticas um cálculo racional-instrumental irresponsável. Cerca de 29 MPs teriam sido negociadas com empresas, em troca de propina. Essa instrumentalização imoral de MPs evidencia uma inversão de valores. No processo legislativo de uma democracia que prioriza o interesse público, o caráter geral das leis releva as particularidades dos casos específicos. Num Congresso convertido em balcão de negócio, as particularidades prevalecem.

A ação na qual um ex-presidente é réu tem visibilidade e não difere das demais ações abertas com base nas investigações das Operações Lava Jato e Zelotes. Elas apontam o grau de decomposição do sistema político e do processo legislativo. Ao tornar financeiramente transacionáveis determinadas decisões públicas, muitos partidos converteram o dinheiro em padrão de suas ações e fizeram de sua função pública um negócio, maximizando ganhos privados. Cedendo ao *lobby* de empresas e/ou lhes oferecendo vantagens à custa dos interesses da coletividade, desprezaram os atributos fundamentais da democracia – como mandato, representação e separação entre privado e público. A política democrática tem a ver não só com quem decide, mas também com o modo como se decide e a forma como os cidadãos percebem a intervenção legislativa na vida social. Quando é minada pela corrupção, que leva as relações público-privadas a ser realizadas na penumbra, essa política destrói os alicerces da sociedade e mina a confiança no processo decisório.

Resultante de uma corrupção endêmica, que corrói o pacto moral básico do qual dependem a vitalidade e a legitimidade do sistema representativo, a privatização do processo legislativo contrasta com a imagem que o Parlamento passa para a sociedade. Veja-se este texto do *site* de uma de nossas casas legislativas.

A solução dos conflitos, numa sociedade democrática, é feita pela construção de um acordo entre as diversas partes da sociedade, que se expressa na promulgação de normas. A construção desse acordo, que permite a convivência na sociedade entre interesses contrários, acontece através de debates e votações. Esse debate, que transforma a proposta de uns em norma aceita por todos, é a essência da democracia. Para que seja transparente, deve ser feito com regras claras. Deve ser público para que todos possam dele tomar parte e ter informações. O processo legislativo é a atividade que garante a publicidade dos debates, das decisões e da construção de acordos políticos.[8]

Já admitida em delação premiada pelos controladores da Odebrecht, descrita em detalhes pelo doleiro do PMDB, Lúcio Funaro, e evidenciada pelas denúncias de que algumas montadoras mercadejaram com o Executivo a prorrogação de incentivos fiscais, a instrumentalização imoral de MPs mostra o quanto esse texto está descolado da realidade. Uma coisa é a autoimagem do Legislativo; outra é como ela se comporta nas votações, ainda que a encenação da tomada de decisões seja pública. A simples existência formal de uma democracia representativa não garante que decisões de interesse público sejam tomadas democraticamente. Uma coisa é a democracia como sistema legítimo de organização política, capaz de atuar como vértice ordenador da sociedade; outra são as interações e constrições que balizam essas decisões, com suas contingências e riscos.

Diante da distância entre o que a democracia deveria ser e o que ela de fato é, há quem criminalize a política, desdenhando do regime democrático. É uma atitude de descrédito em relação às instituições, que abre caminho para aventureiros moralistas. Mas também há quem lembre que, por ser a política tão necessária quanto o oxigênio que respiramos, só por meio dela pode-se depurar a democracia. Como explicam sociólogos influenciados pela teoria dos sistemas, a democracia é mais do que um

---

8. Sobre o Processo Legislativo, Assembleia Legislativa do Estado de São Paulo, disponível em: <https://www.al.sp.gov.br/processo-legislativo/sobre/>.

mecanismo de representação baseado na regra de maioria. É também um processo de aprendizagem da decepção. Por viabilizar a desconfiança, a crítica e a impugnação, a democracia opõe a transparência à opacidade. E isso torna possível a identificação de políticos corruptos e indignos de exercer o mandato. São justamente os enganos e as frustrações dos eleitores que permitem a depuração da política e a renovação de lideranças partidárias. Paradoxalmente, o que parece ser fragilidade da democracia é justamente sua força.

Por mais desmoralizado que o Congresso se encontre, por mais fragmentado que esteja o sistema partidário e por mais que políticos venais sigam o mesmo breviário no campo moral, a democracia permite que quem quiser mudar de oração e de cântico troque de igreja e passe a protestar, denunciar e lembrar aos políticos que o resgate da credibilidade do processo legislativo exige não só respeito à lei, mas também à ética pública. Evidentemente, pela forma perversa como as instituições estão estruturadas, a democracia brasileira não goza de saúde invejável. Contudo, mesmo sendo manipulada pelos poderes subterrâneos de empresas, sofrendo uma sucessão de escândalos e enfrentando forte tensão entre esses poderes, em virtude do protagonismo de alguns operadores do direito, ela tem suportado os testes de estresse a que tem sido submetida. Se conseguirá enfrentar as tensões e desafios que surgirão caso reformas institucionais não sejam aprovadas e o pleito de 2018 não propicie a formação de uma coalizão majoritária e coesa, possibilitando relações mais harmoniosas entre os poderes e assegurando condições mínimas de governabilidade, esse é outro problema.

14. LIMPAR O NARIZ, CASAR E VOTAR

Tradicionais pescadores de águas turvas, políticos de diferentes partidos encalacrados na Lava Jato não hesitaram em aproveitar os novos e abjetos áudios do empresário Joesley Batista para reivindicar – com base na teoria da árvore envenenada – a nulidade de todas as provas nos casos em que foram indiciados ou já são réus. Segundo essa teoria, provas produzidas em decorrência de descobertas feitas por meios ilegais estariam contaminadas, devendo ser descartadas por derivação. O cinismo foi tanto que alguns ministros do STF deixaram divergências de lado e tentaram conter a falta de pudor, afirmando que informações obtidas pela Procuradoria Geral da República, a partir do acordo de delação firmado com o empresário, poderão ser aproveitadas em ações criminais.

A invocação dessa tese por personagens moralmente desqualificadas dá a medida da degenerescência da vida política brasileira, uma vez que recorrem a argumentos simplórios e falsos – porém, embalados pela retórica politicamente correta do "garantismo" – como argumento de defesa. À medida que entendem que uma mentira contada mil vezes adquire força de verdade e que a verossimilhança pode se sobrepor ao verdadeiro, os argumentos de políticos envolvidos em corrupção sistêmica acabam corroendo as referências do sistema partidário. Esse é, entre outros, um dos fatores responsáveis pelo distanciamento do sistema partidário em relação à sociedade – e, por consequência, da incapacidade do sistema político de gerir a complexidade socioeconômica.

Oligarquizados, os partidos perderam seiva ideológica, deixando de cumprir as funções de representação e seleção de quadros para governar. Com baixo grau de credibilidade e representação, não articulam valores, não formulam projetos de poder e não atendem às aspirações sociais. Burocratizados, abandonaram a preocupação com interesses coletivos e o bem comum, tornando-se coniventes com a apropriação do processo legislativo por corporações e empresas, que passaram a comprar os marcos jurídicos nas áreas em que atuam. Num período de flagrante incapacidade do Legislativo de se articular com o Executivo para propiciar a criação de empregos e assegurar padrões mínimos de bem-estar material, o sistema partidário cede espaço a novas formas de manifestação de insatisfações, como coletivos e movimentos sociais. É visível o enfraquecimento dos atributos da representação democrática tradicional, como participação cidadã, eleições livres e proteção das minorias. Também é visível a perda de eficiência dos modelos de governança social, o que resulta num processo de flexibilização de direitos. Basta ver como estão aumentando as propostas de redução de direitos, no âmbito do direito do trabalho, do consumidor e da saúde.

Por sua natureza aberta e horizontal, as redes sociais abrem caminho para novos tipos de comunicação e mobilização, facilitando a difusão de todo tipo de opinião e propiciando formas contundentes de protesto. Também têm ampla capacidade de conectar a todos instantaneamente, permitindo observação e controle sem necessidade de mediações organizativas. Contudo, não se têm revelado eficazes na construção de alternativas, em matéria de governabilidade. Graças às redes digitais, movimentos sociais se multiplicam, vocalizando frustrações e ocupando as ruas em protestos contra a corrupção e políticas de austeridade. Seus resultados, porém, não estão à altura das expectativas que suscitam.

O desprezo pelos políticos resulta da perda da confiança da sociedade na capacidade dos mecanismos políticos tradicionais de limar diferenças, promover negociações e construir uma vontade coletiva. Como diz Sérgio Abranches em seu belo livro *A Era do Imprevisto*, a sociedade em rede está vivendo a

instabilidade do presente e a aflição de um futuro incerto. O mundo político continua ancorado em velhos e estreitos interesses, insensível e surdo às necessidades e aspirações das novas camadas sociais. Muitos dos que se sentem frustrados não conseguem, todavia, distinguir a classe dirigente, o sistema de forças que domina a política, do modo de governança. Veem na falência da geração que manda um mal quase terminal da própria democracia. De fato, as instituições estão estreitas e rígidas demais para uma sociedade tão fluida[9].

Segundo Abranches, a fluidez das estruturas converte o desequilíbrio dinâmico e a instabilidade em regras, e não em exceções. Assim, a política vive na incerteza e está sujeita a todo tipo de pressão, revelando-se incapaz de pôr limites aos desígnios do poder econômico e de pressões corporativas, por um lado, e à corrupção, por outro, como argumenta o filósofo basco Daniel Innerarity[10].

9. *A Era do Imprevisto*, p. 224s.
10. Cf. D. Innerarity, *La Política en Tiempos de Indignación*, disponível em: <https://epoo.epimg.net/>.

81

Tanto para ele como para Abranches, a democracia é, além de um mecanismo de representação baseado na regra de maioria, uma forma de organização política pensada para dar respostas antagônicas a um conjunto de perguntas abertas. Logo, se a democracia é um processo, uma democracia capaz de lidar com sociedades complexas, como a brasileira, deve ter uma pluralidade de espaços não só para os antagonismos e protestos advindos de movimentos sociais, mas também para acordos, construções e exercício da racionalidade, a partir de formas legítimas de representação e deliberação. Quando as sociedades se polarizam em torno de maniqueísmos, como o "nós contra eles", não há lugar para um processo democrático autêntico. Por isso, é preciso não esquecer a advertência de Gilbert K. Chesterton, um bem-humorado pensador inglês – lembrado por Innerarity – que apontou três coisas de que os eleitores não podem abdicar: limpar o nariz, eleger o parceiro conjugal e votar de modo consciente. Mas como forjar uma cultura política na qual posições matizadas não sejam desprezadas por quem ignora essa advertência? Por que são pouco reconhecidos valores políticos apresentados com rigor e responsabilidade? Se não há alternativa fora da política, uma democracia complexa precisa ser uma democracia completa – e no Brasil isso exige a reconstrução do sistema partidário.

15. LITERALIDADE DA LEI E ABUSO DE AUTORIDADE

À medida que os tribunais vão condenando políticos processados por corrupção, com base em provas coletadas pela Polícia Federal e pela Procuradoria Geral da República, crescem na mesma proporção as reações defensivas do Legislativo e do Executivo, acusando os juízes de criminalizar a classe política e de exorbitar de suas prerrogativas, por meio de interpretações que iriam além do sentido literal das leis. Mas, se o direito se expressa por palavras e elas podem ter os mais variados significados, como precisar o sentido literal ou textual de uma lei? Se a justiça exerce um papel fundamental na estabilização das expectativas normativas da sociedade, até onde vai a liberdade interpretativa dos juízes em face da multiplicidade de alternativas hermenêuticas, de perspectivas argumentativas e de métodos decisórios? Qual é a fronteira entre discricionariedade e arbítrio na interpretação de uma norma? Como detectar quando os juízes vão além da compreensão das regras jurídicas, formulando novas hipóteses normativas e tentando redefinir o que o direito deve ser? Isso não seria usurpação de função legislativa?

Respostas a essas indagações sempre estiveram na essência da teoria do direito, enriquecendo-a e alargando seu campo de análise. É particularmente importante o período entre o final do século XIX e o século XX, quando os teóricos da livre interpretação do direito se opuseram às várias tendências do positivismo jurídico, que viam a interpretação como simples operação lógica de subsunção dos fatos aos textos legais e encaravam o direito como norma, e não como fato social ou valor transcendente. O debate avançou no decorrer do século XX, quando, partindo da premissa de que a interpretação jurídica tem por objetivo não um texto legal, mas o sentido que ele exprime, os teóricos do direito passaram a afirmar que o raciocínio jurídico não podia ser visto como um tipo de raciocínio dedutivo, uma vez que a argumentação jurídica tem, necessariamente, componentes morais e políticos intrinsecamente conectados, que variam conforme a época e o nível de desenvolvimento de cada sociedade. O debate se adensou quando novas correntes doutrinárias opuseram aos argumentos lógico-dedutivos argumentações de caráter retórico – em vez de estabelecer verdades evidentes, estas últimas serviriam para mostrar o caráter razoável ou plausível de determinada decisão. Nesse período também apareceram as chamadas teorias críticas do direito, que combinam marxismo jurídico com a crítica do pensamento pós-moderno ao cientificismo e com a tese da indeterminação radical do direito defendida pelos realistas. Segundo essas teorias, para as quais o direito é um instrumento de dominação destinado a legitimar – por meio de símbolos de unidade, justiça e igualdade – uma sociedade dominada por grupos privilegiados, as decisões judiciais não são determinadas por normas previamente estabelecidas, resultando de fatores políticos, sociológicos e ideológicos. São fatores cambiantes, uma vez que o que é aceito num período histórico pode deixar de sê-lo em outro.

O mesmo período registrou um dos momentos mais significativos para a teoria do direito, em decorrência dos debates sobre discricionariedade judicial e argumentação jurídica. Esse foi o período em que a disciplina ultrapassou em larga escala as discussões sobre os métodos gramatical, lógico-racional, sistemático e teleológico de interpretação das leis, que então prevaleciam nas escolas de magistratura, passando a debater teses abertas a um diálogo com a filosofia política, a sociologia, a história e a antropologia. Uma dessas teses dizia que a lógica dedutiva não permite uma justificação das decisões judiciais nos casos difíceis – aqueles em que há incertezas decorrentes da inexistência de uma norma aplicável de forma precisa, da existência de normas contraditórias sobre a matéria a ser julgada que suscitam decisões diferentes ou que dependem de soluções que causem estranheza à coletividade. Como nesses casos os juízes não têm outra saída a não ser inovar e a opinião pública tende a ficar dividida, eles enfrentam dificuldades para tomar decisões que atendam às expectativas destes ou daqueles grupos, correndo o risco de deflagrar acirrados confrontos de opiniões e de provocar o clamor social. Uma tese também surgida na mesma época enfatizava que as práticas argumentativas no cotidiano forense são manifestações concretas da ideologia dos juízes. Segundo ela, as práticas argumentativas consistem em falas ou discursos que revelam um conjunto de signos informativos condicionados por disputas de poder. Nessa linha, os argumentos invocados para fundamentar acusações e justificar sentenças configurariam formas impuras de raciocínio, facilmente dramatizáveis e com implicações lógicas e normativas pautadas por valores e ideologias. Para os defensores dessa tese, a persuasão propiciada pelas estratégias retóricas dos juízes seria um processo que acaba gerando um efeito de realidade crível entre os que batem nas portas dos tribunais. Esse processo propicia a socialização de determinadas visões de mundo, de tal modo que quem aceita os argumentos dos tribunais deixa-se levar por elas, aceitando todos os argumentos como justos e legítimos. Em outras palavras, no cotidiano forense as práticas argumentativas seriam formas sutis de controle social.

O debate ganhou novos contornos na transição do século XX para o XXI, com a ampliação do alcance do direito na vida econômica, social e política, obrigando os legisladores a acelerar a substituição de conceitos objetivos e precisos por conceitos vagos e indeterminados – ou seja, expressos por termos significativamente abertos e multissignificativos. Essa estratégia ajuda a preservar o sistema jurídico, permitindo sua adequação às circunstâncias históricas, na medida em que evita a definição antecipada do futuro em termos mais precisos. As consequências foram, por um lado, a crescente diminuição da subordinação dos juízes a conceitos jurídicos cujo conteúdo podia ser explicitado com segurança pelos métodos hermenêuticos tradicionais. E, por outro, o aumento das hipóteses nas quais os magistrados são chamados a valorar – com ampla discricionariedade – as normas que expressam conceitos indeterminados, passando a agir como legisladores. Essa interpretação construtiva, que se dá no momento em que os juízes têm de aplicar esse tipo de norma a casos concretos, com base em seus juízos de conhecimento, em seus valores e em suas convicções, leva o Judiciário a um maior protagonismo, assumindo muitas vezes os papéis de revalidador, legitimador e de instância recursal das decisões do sistema político.

A partir daí, várias correntes jurídicas abriram novas linhas de pesquisa para discutir a viabilidade ou não de se impor limites à interpretação das leis – correntes essas que passaram a encarar a ordem jurídica como um processo complexo e nunca concluído, marcado por disputas e resistências, e em cujo âmbito a aplicação das leis pressupõe narrativas formadas ao longo da história. Esses sistemas devem sua efetividade a tais narrativas, que consistem em padrões de legitimação e em tradições jurídicas capazes de justificar determinadas relações políticas e sociais. Com isso, a ordem legal deixa de ser vista como um sistema ordenado de normas articulado por critérios lógico-formais, como um fenômeno construído pela racionalidade técnico-jurídica, e passa a ser compreendida por suas vinculações a contextos culturais, econômicos e políticos determinados. E, como toda linguagem, a linguagem jurídica acaba exercendo não só um papel instrumental, mas, igualmente, um papel simbólico nesses mesmos contextos. Os valores deles emergentes são incorporados às instituições, e seu sentido resulta de contínuos processos de interpretação e revisão, sempre alimentados por narrativas, rituais e encenações. Basta ver o caráter teatral ou litúrgico das sessões plenárias do Supremo Tribunal Federal, onde os debates são marcados por gestos ensaiados, linguagem empolada e comportamento que reverencia os ministros, salvo algumas exceções.

Em suma, por mais intrincada que seja essa discussão, a vida do direito não é um diálogo norteado pela ideia da resposta jurídica certa e unívoca, nem a justiça se limita a exercer um papel predeterminado pelo ordenamento jurídico. Os juízes não trabalham com fórmulas matemáticas nem com a demonstração do verdadeiro, mas com a busca da melhor solução possível em determinadas circunstâncias e, indiretamente, com a persuasão do verossímil. Por isso, o direito não é apenas um sistema de controles instrumentais, mas também um sistema cultural de significados e significações; a vida do direito consiste em argumentar – e, mesmo assim, ver o direito como argumentação pressupõe limites, já que nem toda decisão judicial pode ser juridicamente justificada. Isso ocorre principalmente nos casos em que não há qualquer resposta plausível, nos quais é impossível fazer justiça por meio do direito positivo. É aí, justamente, que se pode distinguir os juízes: aqueles que recorrem às técnicas de interpretação extensiva, com objetivos corporativos, políticos ou partidários; e aqueles que, conscientes de que decidir é uma questão de reflexão, coragem, prudência e comedimento, sabem escolher os meios adequados para alcançar determinados fins, sabem equilibrar discricionariedade com os princípios da comunidade e sabem avaliar as eventuais consequências negativas de suas decisões para a economia e para a estabilidade política. Mas não se pode eliminar as condições de trabalho destes últimos sob o pretexto de impedir abusos dos primeiros. Igualmente, aceitar a discricionariedade judicial como necessária à atividade interpretativa não significa aceitar que não existe nenhuma restrição aos juízes a respeito do direito.

Vista à luz dessa densa discussão travada há mais de um século e meio pela filosofia do direito, a alegação dos políticos de que os tribunais não deveriam ultrapassar as estritas margens de interpretação das leis peca por desconhecer discussões teoricamente sofisticadas sobre hermenêutica e fundamentadas por alto rigor conceitual, metodológico e analítico-metodológico. Como não há normas jurídicas sem sentido e nem sentido sem interpretação, conforme foi dito acima, a tentativa dos políticos de introduzir na legislação penal um "crime de interpretação", obrigando os juízes a se ater à literalidade das normas, não é apenas demonstração de ignorância na matéria. É, igualmente, uma afronta ao Estado de Direito, pois o princípio da separação dos poderes não autoriza o Legislativo a predefinir a aplicação da lei pelos tribunais nem a submeter magistrados a sanções penais, em decorrência de suas interpretações. Isso ocorre apenas nos regimes ditatoriais.

16. A ADJUDICAÇÃO EM TEMPO DE INCERTEZAS

A possível condenação de um ex-presidente da República pelo TRF-4 por corrupção e as discussões que serão travadas sobre a possibilidade de prisão após condenação em segunda instância estão dando enorme visibilidade às questões relativas ao alcance da adjudicação judicial. Adjudicação é a atividade realizada pelos tribunais na resolução de conflitos. É o processo pelo qual os juízes, ao aplicar as leis, atribuem sentido concreto a normas e princípios. Para tanto, dispõem de uma margem de discricionariedade – a liberdade de escolha entre diferentes alternativas legais, na qual está implícito um juízo de conveniência e oportunidade. Numa corte suprema, a função dos juízes é dotar os valores constitucionais de significado, levando em conta um texto legal, além de expectativas comuns de justiça e padrões éticos. Mas qual é a distância entre decisão discricionária e abuso de interpretação?

Evidentemente, a liberdade do intérprete não é absoluta e a interpretação não é uma subsunção mecânica do fato à norma. Juízes não são livres para atribuir qualquer significado que desejem às leis. Quanto mais se distanciam dos textos legais, mais abusos podem cometer. Os limites da discricionariedade, porém, são porosos. Como os tribunais são reativos, só agindo quando acionados, os juízes têm de responder às demandas que lhes são encaminhadas. Por isso, não controlam suas agendas, o que faz com que a adjudicação possa dar vez à judicialização da vida política – algo inevitável em certos momentos, dada a necessidade de uma arbitragem judicial de conflitos não resolvidos pelas instâncias políticas. Esse fenômeno também acarreta mudanças significativas nos modos de intervenção na vida social e econômica. Em sociedades complexas, julgamentos dos tribunais superiores exigem um compartilhamento de poder e responsabilidade pelas decisões. Quanto mais polêmicos são os casos *sub judice*, mais esses tribunais dependem de complexas estruturas organizacionais.

Num universo burocrático intrincado como o dos tribunais, a responsabilidade individual dá lugar a uma responsabilidade corporativa. Talvez não seja possível sustentar a responsabilidade de um juiz individual por uma decisão, mas é possível sustentar a responsabilidade do Judiciário como entidade corporativa – como salienta o jurista Owen Fiss, de Yale. O problema é que, como Hannah Arendt apontou ao discutir a banalidade do mal, durante o julgamento de Adolf Eichmann por crimes de genocídio, a responsabilidade corporativa pode ser um substitutivo fraco para a responsabilidade individual. Eichmann, que não tinha histórico antissemita, cumpriu ordens pensando somente em subir na carreira, sem refletir sobre a barbárie inerente à burocracia da qual fazia parte. No caso da burocracia judicial, o risco é exponenciado pelo princípio da independência judicial, que deixa os cidadãos dependentes de cortes que não podem ser responsabilizadas corporativamente por seus equívocos.

O protagonismo dos juízes e a judicialização da política – que cresceram à medida que a Constituição incorporou matérias antes tratadas por leis ordinárias – não são imunes a esses riscos. Constitucionalizar essas matérias foi um modo de converter política em direito, o que multiplicou os focos de tensões, pois a judicialização reduz o espaço da esfera política. Quando vão além do papel de assegurar o respeito à ordem jurídica, esses tribunais são cobrados pelos efeitos de seus atos, sem que haja mecanismos institucionais para controlá-los. Compensa enfrentar esses riscos em nome da concretização de direitos civis e sociais? Ou seria mais prudente optar pela autocontenção judicial em nome da harmonia entre os poderes?

A história registra não só protagonismos judiciais desastrosos, mas também experiências exitosas, como a promovida pela Suprema Corte americana sob a presidência de Earl Warren (1953-1969). Trata-se do caso Brown *vs.* Board of Education, que começou com o pedido de uma família negra para que a justiça reconhecesse o direito de matricular a filha numa escola situada num bairro de famílias brancas. A implementação das decisões da corte exigiu a substituição dos sistemas duais de educação, com escolas separadas para negros e para brancos, por um sistema unitário de escolas dessegregadas. Isso demandou novos critérios de escolha de alunos, novas rotas de ônibus entre distritos escolares e mudança curricular. Para assegurar o fim da segregação, a Warren Court desenvolveu novas formas de avaliar a relação entre o direito à igualdade na educação e as soluções propostas por juízes e enfrentou resistências corporativas da burocracia governamental. O empenho da corte na afirmação da igualdade racial propiciou inovações processuais, levando a uma adjudicação alargada capaz de enquadrar essa burocracia e mudar a gestão de escolas. A partir do caso *Brown vs Board of Education*, a Suprema Corte impôs reformas estruturais, dando ao princípio da igualdade o mesmo peso dado à ideia de liberdade como valor constitucional. Alguns equívocos foram corrigidos pela gestão conservadora do sucessor de Warren, o juiz W. Burger (1969-1986). Com nova configuração da corte, ele procurou reverter processos antissegregacionistas que ainda tramitavam e mudar entendimentos anteriores, mas não alterou na essência os avanços propiciados pela Warren Court.

O caso ilustra o que fora dito décadas antes por outro membro da corte, O. Wendell Holmes Jr.: a vida do direito não é lógica, é experimento. É a avaliação desses experimentos por nossos tribunais que precisa ser feita para se constatar se as mudanças ocorridas nas formas de adjudicação configuram desvirtuamento das funções judiciais ou se têm sido decisivas para assegurar a integridade da democracia – principalmente neste momento em que alguns políticos processados por corrupção denunciam uma aliança entre juízes e mídia no intuito de criminalizar a política, enquanto outros pedem o fim da prisão em segunda instância e prometem pôr fogo em Porto Alegre.

17. RETÓRICA JURÍDICA E LITURGIA JUDICIAL

Os votos dos desembargadores da 8ª Turma do TRF-4, condenando um ex-presidente da República por corrupção passiva, e os votos dos ministros da 5ª Turma do STJ, negando o *habeas corpus* preventivo por ele solicitado, surpreenderam no plano formal. As palavras foram mais claras do que o costumeiro nos tribunais, permitindo a compreensão, por quem não é afeito à técnica jurídica, dos argumentos invocados para justificar as duas decisões. Neste momento, em que críticas procedentes e improcedentes à justiça se embaralham no debate público, esses julgamentos foram dignos de nota.

O modo como cada voto foi escrito não é usual no Judiciário, onde petição inicial é chamada de peça exordial, inquérito policial é tratado como caderno indiciário e juízes são cognominados de alvazires. Há alguns anos, os jornais noticiaram que um juiz do interior de Santa Catarina ordenou o envio de um ladrão a um ergástulo público, mas a ordem demorou dias para ser cumprida porque as autoridades policiais não sabiam que a expressão significa cadeia. Não ficam atrás as instâncias superiores, onde há quem afirme que "o fragor do derruimento da tese de dolo vem escoltado pelo estrugir do desmoronamento da tese de cessão ilegal do contrato e quejandos, barulhos só comparáveis com o ribombo do esboroamento da tese de ilegitimidade de parte"[11]. Reforçada pelo estilo de Ruy Barbosa, ícone dos operadores jurídicos, a obsessão pela prolixidade nos meios forenses é antiga. Um aluno de pós-graduação trouxe-me uma sentença prolatada na cidade de Mariana, em outubro de 1883, na qual o juiz que julgou um caso de assédio sexual condenou o acusado alegando que comete "crime e pecado mortal o indivíduo que confessa em público suas patifarias e seus deboches e faz godas de suas vítimas, desejando a mulher do próximo para com ela fazer suas chumbregâncias"[12].

Embora a retórica consista na arte da persuasão através da argumentação, essas formas pretensiosas de se expressar tornam hermético o discurso jurídico. É por isso que o "juridiquês" é comparado ao latim das missas, encobrindo um mistério que amplia a distância entre a fé e os fiéis e conferindo autoridade e prestígio a quem sabe manipular essa linguagem. Nesse sentido, juízes e desembargadores não destoam de bispos e cardeais. Suas formas estereotipadas de argumentação e seus clichês pseudofilosóficos implicam a cristalização de visões de mundo e valores abstraídos das condições que condicionaram sua produção, mas que geram um efeito de racionalidade para as descrições das relações econômicas, políticas e jurídicas. Graças às suas formas prolixas de comunicação, eles podem apresentar os elementos,

---

11. *Gazeta Mercantil*, 16 set. 2008, p. A 10.
12. Sentença prolatada pelo juiz municipal Manoel Fernandes dos Santos, da comarca de Mariana (MG), no dia 15 de outubro de 1883 (sem número de protocolo).

os fatores e as funções das relações sociais como objetos que possuem uma existência autônoma e superior à dos cidadãos. Também podem expressar o direito por meio de discursos morais e punitivos.

A vida do direito, porém, não se resume à criação e aplicação de leis. Como a norma se exprime por palavras e elas têm os mais variados significados, isso faz da interpretação das leis e da argumentação jurídica atividades essenciais à vida do direito. Do mesmo modo que interpretar uma norma é compreender a interpretação que seu autor fez dos acontecimentos no momento em que a editou, o sentido dessa norma não se esgota no seu valor léxico. Também depende das implicações semânticas aduzidas pelos grupos sociais em que foram concebidas ou como estão sendo aplicadas. É por isso que os textos jurídicos são passíveis de diferentes interpretações, resultando em decisões divergentes, sejam elas justificadas por uma linguagem empolada, como a prevalecente no cotidiano forense, ou por meio de uma linguagem direta, como se viu no julgamento do TRF-4. Como a linguagem literária, a linguagem jurídica se refere à vida social, e as palavras utilizadas no universo forense tendem a adquirir uma força e um valor de expressão próprios. Não é por acaso que, por ser cultivada pelos operadores jurídicos e mesmerizada pelos leigos, a retórica jurídica empolada confere aos textos jurídicos um poder simbólico.

A discussão não é nova no país. Ela ganhou destaque nas décadas de 1980 e 1990, quando juristas críticos oxigenaram a agenda da teoria do direito ao propor um conjunto de contralinguagens que, sem constituir necessariamente um corpo sistemático de categorias, explicitasse as condicionantes das significações jurídicas. Num mundo onde os meios de comunicação maximizaram suas possibilidades de massificação não questionadora da ordem estabelecida, diziam os críticos, só por meio de um esforço desconstrutivista é que se poderia desnudar o senso jurídico comum reproduzido nas atividades forenses e analisar as condições de funcionamento do direito como forma específica de controle social. Recorrendo a Michel Foucault, eles se propuseram a denunciar as implicações dos campos de significação jurídica sobre as relações sociais, sobre a lei que as organiza e sobre os sujeitos que as manipulam. Para esse autor, então lido avidamente pelos críticos, o jogo da história seria de quem se apropriasse das normas, de quem ocupasse o lugar daqueles que as aplicam e de quem conseguisse direcioná-las contra aqueles que as tinham imposto. Nestes tempos em que investigações capazes de desmontar esquemas de ocultação de propriedade e elisão de identidade se sobrepõem às pesquisas doutrinárias na justificação de sentenças e acórdãos, como ocorreu com a decisão do TRF-4, vale a pena retomar essa discussão. Se no universo literário escrever é a arte de combinar e cortar palavras, no mundo do direito discutir a interpretação das normas e a argumentação dos juízes é uma forma de refletir sobre o poder do conhecimento e da retórica jurídica na sociedade. E também de compreender por que nenhuma decisão judicial é capaz de alcançar unanimidade entre operadores do direito e a opinião pública, como poderá ser visto quando o STF julgar novos recursos do ex-presidente da República.

18. REGRAS, PRINCÍPIOS E DECISÕES JUDICIAIS

Não tem passado despercebido nos conselhos editoriais das revistas jurídicas o significativo aumento do número de artigos na área de teoria e filosofia do direito, especialmente sobre hermenêutica. Entre os temas mais recorrentes, destacam-se os relativos ao alcance da interpretação extensiva das leis, aos limites da criação judicial e à segurança do direito. Evidentemente, isso foi impulsionado pelos julgamentos de empresários e políticos acusados de corrupção pelas diferentes instâncias do Judiciário. Independentemente da abordagem e do rigor desses artigos, o denominador comum é a distinção entre regras e princípios na ordem jurídica.

Regras têm um campo de abrangência limitado e um número definido de hipóteses em que podem ser aplicadas. Elas se expressam por meio de conceitos precisos, que propiciam uma interpretação restrita como método hermenêutico, aplicável aos casos corriqueiros, possibilitando uma jurisprudência fácil de ser formada. Princípios têm um campo de abrangência maior do que o das regras e um número indefinido de hipóteses, pois se expressam por meio de conceitos indeterminados. Essa ambivalência permite a cada cidadão imaginar que seus anseios foram acolhidos pelo legislador. Para ser aceitável pelos cidadãos, a lei não deve ser unívoca nem certa, no sentido matemático. Do ponto de vista de uma técnica legislativa que se destaca mais por sua funcionalidade do que por seu formalismo, os princípios são usados para calibrar expectativas sociais e oferecer argumentos diversificados para o raciocínio jurídico.

A distinção entre regras e princípios ajuda a compreender o processo legislativo nas sociedades estabilizadas, com seus hábitos e rotinas, e nas sociedades cambiantes, quando os conflitos acirrados põem em risco a estabilidade das leis. Nas sociedades estáveis, a institucionalização do direito pressupõe três etapas. A primeira é o desenvolvimento de comportamentos padronizados por meio de interações regulares a partir de valores comuns. A segunda é a generalização desses valores e a estabilização de um senso comum moral. A terceira é a "sedimentação", quando as instituições de direito se consolidam, propiciando um engate entre estruturas sociais e jurídicas. Essa estratégia de institucionalização do direito, contudo, não funciona em tempos incertos, em que as identidades coletivas encontram-se erodidas e inexistem referências éticas consensuais. Nesse caso, como podem os juízes aplicar leis em meio a acontecimentos que provocam rupturas e bifurcações na ordem vigente? Como lidar com mudanças intensas se as categorias normativas foram concebidas para tempos de estabilidade? Já nas fases rotineiras, os acontecimentos são suficientes para diferenciar o que é certo e errado. Nos períodos de crise, essas distinções são difíceis de serem feitas, pois as regras ficam sobrecarregadas pelas incertezas, o que prejudica sua aplicação.

Nesse cenário, os princípios exercem papel decisivo como técnica legislativa. Graças à indeterminação de seus conceitos, ajudam a combinar permanência e mudança, a balizar a ponderação e a estabelecer critérios que redefinem o sentido da ordem jurídica. Princípios são vagos por natureza, já que sua ambiguidade é inerente à relação entre uma proposição geral e uma proposição particular. Conhecidos juristas americanos costumavam afirmar que quase toda particularidade cabe em mais de uma generalidade, mas que as particularidades implicadas em cada generalidade nunca são esgotáveis. Também lembravam que a ambiguidade ajuda a lei a permanecer estável, ao mesmo tempo que, por meio de reinterpretações, ela se adequa às novas circunstâncias. É por isso que, exigindo ponderação como método hermenêutico, os princípios tendem a ser aplicados aos casos difíceis de sociedades que já não conseguem mais ser disciplinadas por corpos de normas gerais, tal o distanciamento social e a incompatibilidade do direito codificado com situações heterogêneas. E, por maior que seja a ambiguidade dos princípios, isso não significa que, ao aplicá-los, o juiz leve em conta somente sua vontade. Ainda que existam juízes voluntaristas, a decisão judicial não se confunde com um padrão opinativo de julgamento, que valoriza mais o poder simbólico da jurisdição do que a necessidade que ela tem de se legitimar frente às partes e à própria sociedade.

A discussão é antiga. Na Europa e nos Estados Unidos, teóricos do direito já afastaram a tese de que os conceitos jurídicos são unívocos e de que haveria um método único para interpretá-los. Ronald Dworkin, referência para várias gerações de juristas, afirmava que a moral, a política e a justiça estão intrinsecamente conectados e que o direito é conceito interpretativo, pressupondo práticas argumentativas das quais dependem sua complexidade e suas consequências. Mesmo assim, os textos legais sempre limitam o intérprete, e sua aplicação deve ser realizada por meio de regras que permitam extrair seus fundamentos políticos e pressupostos morais.

Segundo Dworkin, a aplicação do direito resulta em respostas fundadas e não arbitrárias, que permitem avaliação sobre seus pressupostos éticos e doutrinários e sobre seu alcance. Bem antes dele, Miguel Reale chamava a atenção para o que os defensores de uma hermenêutica restritiva desconhecem: a importância da conexão entre análise política e cultura jurídica no labor judicial, dada a impossibilidade de se reduzir a decisão jurídica a uma simples operação formal. A existência de mais de uma solução para os litígios é tão normal que não pode deixar de ser considerada quando se fala em segurança do direito. Mas se essas soluções são consistentes e seus autores têm consciência de suas implicações institucionais – o que não se tem visto no STF –, isso é outro problema.

19. OS POLÍTICOS E OS JUÍZES: ENTRE O DESTINO E A TRAGÉDIA

Entre as consequências da velocidade do processo de destruição criadora, da financeirização dos capitais e da interconexão global dos mercados, destacam-se a erosão das certezas, a dificuldade de identificar as questões mais importantes e a desorientação na formulação de respostas. Ao contrário das novas gerações, as mais antigas podiam ser menos informadas, mas sabiam operar com modelos capazes de sinalizar caminhos e antever cenários, mesmo que sombrios. As gerações atuais vivem um paradoxo: quanto mais informações recebem, mais ficam indecisas, revelando-se incapazes de fazer as indagações necessárias à compreensão do momento atual.

Uma dessas indagações é saber como proceder na interpretação de fatos, narrativas e teorias. Outra diz respeito ao tema da legitimidade: na democracia, quem tem a autoridade para impor obrigações aos cidadãos?

Como interpretar declarações de políticos que, perplexos com a atuação da justiça, passaram a perguntar quem manda: se os juízes de primeiro grau ou o presidente da República. "No mundo antigo, persa ou grego, o destino era uma atribuição dos deuses. Quando Roma inventou a política, deu o destino – e a tragédia – nas mãos dos homens. Às vezes tenho a impressão de que essas corporações querem substituir os deuses antigos"[13], afirma um desses políticos.

Num período em que a desorientação resulta do aumento das possibilidades de ação, o denominador dessas indagações se traduz pela incapacidade dos políticos de compreender a política a partir de seus componentes básicos: as relações de força, autoridade, mando e obediência. Outro denominador é a ideia de que os prognósticos com relação ao futuro são inversamente proporcionais ao seu conhecimento. Quanto mais se fala do futuro, menos se sabe sobre ele. Um modo de compreender esse cenário de dubiedades é retomar um ponto da obra de Max Weber, para quem os processos civilizatórios podiam ser vistos como processos de racionalização, tais quais os que forjaram o mundo moderno. Uma das características da modernidade está na crise de seus fundamentos nos planos do conhecimento, da moral e da política. A angústia despertada no homem moderno após a libertação dos laços feudais, dizia Weber, levou-o a uma busca obstinada por calculabilidade e previsibilidade, valorizando a impessoalidade nas relações de dominação e uma ordem jurídica elaborada racionalmente.

Foi esse o papel do direito moderno: assegurar as expectativas dos cidadãos, oferecendo-lhes garantias contra a arbitrariedade do poder estatal, e criar instituições capazes de impor as regras do jogo, propiciando a conversão das paixões políticas em alternativas programáticas

---

13. A. Rebelo, Não se Sabe se Quem Manda no País É um Juiz ou o Presidente, *site* da edição brasileira de *El País*, 6 maio 2018.

submetidas a escrutínio público. Foi isso que fez com que a segurança na vida social passasse a depender da determinação do jurídico – de um sistema normativo com normas objetivas e fronteiras delimitadas em relação à moral. O problema é que as condições que forjaram o mundo moderno se alteraram, exigindo hoje uma reconfiguração da política, na qual o Estado coexiste ao lado de outras instituições tão fortes quanto ele. Isso foi evidenciado pela ineficácia dos modos convencionais de articulação social, pelo esvaziamento dos modelos social-democratas de transformação política, pelas crises econômicas e pela corrupção.

A consequência foi a descrença nos instrumentos e nas possibilidades da política. Foi no vácuo deixado pela redução da política tradicional a um balcão de negócios que surgiu o protagonismo judicial, ampliando a jurisdição da justiça com base em sistemas normativos nos quais os princípios se sobrepõem às regras, por serem mais adaptáveis a sociedades funcionalmente diferenciadas. Quanto mais complexa é a sociedade, menos ela consegue ser disciplinada por normas precisas. Em razão de seus conceitos vagos, de difícil determinação, os princípios propiciam uma interpretação extensiva das leis, o que faz da adjudicação uma instância privilegiada na construção do direito. Contudo, quando essa interpretação alargada é justificada só com base em argumentos morais, ela passa a ideia de que a política é suja – portanto, prescindível. Não por acaso, antes de ser preso, um ex-presidente da República criticou os juízes que o condenaram afirmando que "quem se agarra a princípios não faz política".

A perplexidade dos políticos, quando criticam princípios ou perguntam quem manda, decorre da incapacidade de perceber as mudanças no direito e os riscos da desqualificação da política. Quando acusam os juízes de primeiro grau de exorbitar, esquecem-se de que é na primeira instância dos tribunais que ocorre o primeiro choque entre o sistema jurídico e as condições reais da sociedade. Esquecem-se de que são esses juízes os primeiros a perceber o fosso entre os problemas sociais emergentes e as limitações das leis. Enquanto os juízes de primeiro grau enfrentam o desafio de ajustar sua função a uma sociedade em mudança, os políticos continuam identificando política com atividades congressuais e com a próxima eleição, desprezando questões como as relativas às funções do Estado. Incapazes de compreender que este, conforme o momento histórico, pode ter funções distintas e adequadas a diferentes objetivos, ignoram que a democracia não é um regime de fórmulas fixas para resolver conflitos de interesse e que a política não pode ser exercida fora dos marcos legais, inclusive do Código Penal.

Classificar os juízes como deuses pode render discursos e levar a projetos de lei que tipificam o crime de abuso de autoridade para conter a justiça. Mas não neutraliza o ativismo judicial ancorado em princípios morais. Não oferece alternativas a um modelo de direito acusado de relativizar garantias de defesa, em nome do combate à corrupção, e não resolve a crise das instituições, notadamente as que definem a organização do mercado e da democracia. Só as aprofunda.

20. A TRADIÇÃO COMO ARGUMENTO DE DEFESA

Conjugadas com o que tem sido confessado com ar de superioridade e de modo finório por empreiteiros e empresários em suas delações premiadas, revelando como corromperam políticos e compraram medidas provisórias com o objetivo de definir os marcos jurídicos das áreas em que atuam, as tentativas de anistiar parte do mundo político e colocar o Congresso como contraponto à Procuradoria-Geral da República e à Justiça Federal dão a medida do grau de deterioração das instituições. Dentre os problemas daí decorrentes, dois merecem destaque.

O primeiro diz respeito ao impacto político e jurídico de uma eventual revisão da decisão do STF que autoriza a prisão de quem foi condenado em segunda instância, obrigando-o assim a recorrer aos tribunais superiores de dentro de uma cela. Se as regras do jogo forem mudadas no desenrolar do próprio jogo para assegurar imunidade

105

a quem se apropriou criminosamente de recursos públicos, o direito será relativizado como marco referencial, comprometendo a credibilidade das instituições judiciais, inclusive o STF. Quando regras são alteradas conforme conveniências de governantes e parlamentares envolvidos em negociações escusas com empresas incapazes de competir sem desonestidade, a coerência doutrinária do sistema jurídico se rompe. Ele perde sua identidade sistêmica. O resultado é a insegurança jurídica. No limite, uma crise do Estado de Direito.

O segundo problema está associado à percepção desse cenário por investigados e delatores. Nos últimos meses, eles alegaram que o caixa 2 faz parte dos costumes da política. Também afirmaram que essas práticas – proibidas por lei – consistiriam culturalmente no modelo prevalecente de financiamento de campanhas eleitorais. Um ex-ministro da Justiça declarou que "caixa 2 em campanhas é recorrente". Em delação premiada, Emílio Odebrecht classificou como natural a captura do poder público por sua empreiteira, mediante pagamento de propina. Argumento semelhante foi invocado por Joesley Batista. Essas falas evidenciaram como a corrupção prostitui mandatos, corrói a ideia de interesse público, erode a noção de direitos e leva à perda da própria concepção de Estado. Ambos prometeram que adotarão princípios éticos e códigos de conduta em seus grupos. Antes de seu depoimento, Emílio divulgou um vídeo no qual afirmava que só terão futuro as organizações que se reciclarem e agirem com integridade e transparência – iniciativa que só comoveu incautos.

Quando examinada à luz da distinção feita por Max Weber entre as éticas de responsabilidade e de convicção, a ideia de que a corrupção é inerente à cultura do país peca por dois vícios. Por um lado, ao afirmar que "sempre se agiu assim", o pessoal acusado de corromper a representação política e o poder público se esquece de que no Estado de Direito, onde há o predomínio de regras gerais, abstratas e impessoais, as relações socioeconômicas e políticas deveriam ser travadas sob a égide de uma ética de responsabilidade, com base na qual os políticos privilegiariam interesses coletivos acima de seus interesses pessoais. Ao afirmar que caixa 2 é "prática histórica e cultural", portanto banalizada, naturalizam a delinquência sistêmica, pondo interesses pessoais acima dos interesses coletivos com base na ética de convicção, pela qual os fins justificam quaisquer meios. Isso ficou evidente quando Emílio disse que a "Carta ao Povo Brasileiro" – ato estratégico para a vitória de Lula, em 2002 – teve contribuição de sua empreiteira.

Por outro lado, quando invoca a ideia de cultura para justificar a apropriação do poder público por interesses privados, esse pessoal revela astúcia e autoconfiança. Para eles, a cultura se limita à recorrência de alguns comportamentos. Do mesmo modo como mentiras repetidas mil vezes se convertem em verdade, ilícitos praticados reiteradamente perderiam o vício da ilegalidade, tornando-se social e eticamente aceitos. Para esse pessoal, não há fronteira entre o legal e o ilegal, o moral e o imoral. São incapazes de perceber que a cultura – que inclui conhecimentos, crenças, símbolos, hábitos e expectativas comuns de justiça – é um conceito complexo. Além das práticas sociais aprendidas de geração em geração, ela encerra uma relação de força. A aparente diversidade de identidades valorativas e ideológicas, na dinâmica da política, oculta a dominação de alguns grupos sobre outros, ao mesmo tempo que produz e reforça desigualdades.

O momento singular que o país atravessa, em decorrência da corrosão do sistema partidário, do esfacelamento da autoridade presidencial e do escancaramento dos esquemas de captura do Estado, exige reflexão sobre o que está em jogo. Há quem aplauda a Lava Jato. Há quem a critique por excesso de judicialização, apoiando a asfixia orçamentária da PGR. Há quem afirme que a corrupção sistêmica só foi possível por causa da fraca institucionalidade política, vulnerável a pressões conjunturais. Há quem veja as eleições diretas como uma catarse política. Há quem tema que o descrédito dos políticos desestimule o eleitorado a investir em lideranças novas e capazes de repensar as funções do Estado e fortalecer a democracia representativa, tornando-a mais resistente à corrupção. São opiniões importantes. Mas o que causa receio são os desdobramentos de uma eventual aprovação de uma anistia irrestrita aos políticos. Mais precisamente, é o risco de que a repulsa a ela estimule aventuras moralistas, em 2018, agravando a perda de substância da democracia.

Afastar esses riscos e reconstruir o poder público é um desafio complexo para uma sociedade que sempre teve dificuldade de articular o econômico e o social com o político. A política, dizia Max Weber, é um "esforço tenaz, que exige paixão e senso de proporções, para atravessar grossas vigas de madeira". A mensagem é clara: ainda que esse esforço não afaste os riscos, podendo gerar "não a floração do estio, mas uma noite polar, glacial e sombria"[14], não há salvação fora da política.

---

14. A Política Como Vocação, *Ciência e Política*, p. 123.

21. CLÁUSULA PÉTREA E PRISÃO APÓS SEGUNDA INSTÂNCIA

Em seu artigo 5º, que contempla extenso rol de direitos e garantias fundamentais, a Constituição prevê que ninguém será considerado culpado até o trânsito em julgado de sentença penal condenatória. O texto foi promulgado em 1988 e, em 2009, o STF consolidou esse entendimento. Em 2016, porém, a corte mudou de posição, passando a aceitar a prisão após condenação em segunda instância. E retomou a discussão em 2018, ao julgar recursos impetrados por um ex-presidente da República, cuja prisão foi ordenada por um TRF. Seus advogados alegaram ser o artigo 5º uma cláusula pétrea prevista pelo artigo 60 da Constituição, motivo pelo qual seu cliente não poderia ter ido preso.

Essas mudanças de entendimento em curto período de tempo confundem a sociedade. Acima de tudo, recolocam na ordem do dia a tensão entre poder constituinte originário e poder constituinte derivado. O primeiro estabelece uma ordem constitucional. O segundo tem a prerrogativa de alterar essa ordem desde que respeitando os limites e procedimentos por ela estabelecidos. Nesse sentido, não caberia ao poder revisor – um poder constituído – afastar-se do horizonte que lhe foi imposto pelo poder originário – um poder constituinte. À primeira vista, essas distinções parecem claras. Na prática, elas encerram dois problemas, que já discuti na Revista Brasileira de Direito Constitucional[15]. Um é de natureza política e está associado à compatibilidade da rigidez constitucional – sob a forma das cláusulas pétreas – com a própria essência da democracia. O outro é de natureza ética e tem implicações transgeracionais.

Em termos políticos, uma Constituição representa um limite decisório à vontade popular. Em nome da consagração de determinadas liberdades, ela impõe determinadas restrições, institucionalizando direitos e obrigações, prerrogativas e deveres. Promulgar uma Constituição significa limitar a liberdade da maioria em cada momento histórico. Assim, na medida em que constitucionalizar é colocar fora do alcance da negociação política e da vontade da maioria tudo o que é constitucionalizado, quanto mais ampla é uma Constituição, maiores são as limitações do princípio democrático. Por isso, no âmbito político o problema é saber se as normas constitucionais relativas aos limites materiais de revisão colidem ou não com o princípio da regra de maioria que caracteriza a democracia.

Nesse sentido, em que medida um poder constituinte originário pode impor para a eternidade uma vontade democrática? Em que medida a limitação na liberdade de revisão material de um texto constitucional, prevista por cláusula pétrea, pode não se revelar antidemocrática,

---

15. Cf. Entre a Rigidez e a Mudança: A Constituição no Tempo, *Revista Brasileira de Direito Constitucional*, n. 2, p. 199-207, disponível em: <http://www.esdc.com.br/>.

ao restringir o campo de ação de maiorias parlamentares legitimamente escolhidas a cada nova eleição? Como evitar o risco de que o "excesso de Constituição" não acabe tendo o efeito perverso de obrigar operadores jurídicos a ter de fazer leituras complacentes de suas normas, com o objetivo de trazer a Constituição para a realidade e adequá-la às mudanças das circunstâncias histórias? É possível impedir que esse "excesso de Constituição" resulte, contraditoriamente, num déficit de normatividade constitucional?

Desse problema político decorre o problema ético, que se expressa sob a forma de um paradoxo. Na perspectiva do poder constituinte originário, a maioria que aprova uma Carta reivindica um corte jurídico com o passado, ao mesmo tempo que se arvora ao direito de vincular o futuro. Contudo, por mais democrático que seja no momento de sua promulgação, é moralmente aceitável que essa Carta possa, com seus dispositivos de irreversibilidade material, com base em cláusulas pétreas, bloquear a capacidade de autodeterminação jurídica das gerações vindouras? É justo que um texto constitucional, por mais nobres que sejam suas intenções, imponha compulsoriamente às gerações futuras obrigações e encargos vindos do passado? Como sair dessa armadilha e desse paradoxo, principalmente no caso de Constituições muito marcadas pela conjuntura social e política de sua origem, como a brasileira?

Uma saída polêmica contrapõe a ideia do poder constituinte originário como ato unigênito e unimomentâneo à ideia de um poder constituinte evolutivo, ou seja, de um poder constituinte visto como um processo capaz de acompanhar a dinâmica da realidade socioeconômica sem subjugar as atuais gerações a determinações do passado. Essa foi a experiência portuguesa, cuja Constituição, na origem repleta de cláusulas pétreas, já sofreu várias revisões. Como isso foi possível? Um de seus redatores e responsável por uma dessas revisões, o jurista Vital Moreira, oferece uma instigante resposta. Por um lado, afirma, passou-se a promover uma interpretação *soft* das cláusulas pétreas, reduzindo-as mais à salvaguarda de princípios genéricos do que à garantia de direitos concretos assegurados por uma Carta eminentemente conjuntural. Por outro, passou-se a admitir com mais flexibilidade a reconsideração dos próprios limites materiais de revisão, suavizando alguns limites originários, o que libertou para futuras revisões matérias que, de outro modo, não poderiam ser alteradas. "A imodéstia constituinte dificilmente fica impune e o poder constituinte evolutivo acaba por ser a sanção da imodéstia e da arrogância do poder constituinte, quando ele não é capaz de ousar acima da conjuntura da sua própria época"[16], conclui.

A estratégia de "reforma constitucional sem solução de continuidade formal" é controversa. Mas, neste período em que o STF vem julgando – por margem apertada – os recursos de um ex-presidente preso após ser condenado em segunda instância, vale a pena rediscuti-la, colocando em novos termos a questão sobre efetividade e longevidade da Constituição. Isso é essencial para a segurança do direito e para a democracia.

---

16. V. Moreira, Constituição e Democracia na Experiência Portuguesa, em A.G. Moreira Maués (org.), *Constituição e Democracia*, p. 274.

22. GARANTISTAS VS. CONSEQUENCIALISTAS: UM DEBATE POLÍTICO OU JURÍDICO?

Com a judicialização da política e a subsequente politização da justiça, ganhou corpo nos meios jurídicos e políticos a oposição entre magistrados garantistas, que valorizam o *habeas corpus* como símbolo da liberdade individual e do direito dos cidadãos de não serem presos nas ruas por autoridades que não se identificam, e magistrados consequencialistas, para os quais esse recurso judicial não pode ser desfigurado, servindo como um fator disruptivo que trave a vida política do país, comprometa o processo eleitoral e abra caminho para a corrosão da legitimidade das instituições de direito.

Os garantistas alegam que, ao deixar de seguir o texto literal da lei para priorizar os efeitos das decisões judiciais no momento de tomá-las, dando assim vazão à vontade de atingir resultados desejados ou previamente determinados, os consequencialistas seriam basicamente punitivistas. Ou seja, recorreriam a interpretações extensivas, desprezando as intenções do legislador constitucional, passando por cima das garantias individuais e dos direitos fundamentais e desprezando o princípio constitucional do devido processo legal. Por seu turno, os consequencialistas justificam a opção por interpretações abrangentes em nome de um método mais realista para articular investigação, contraditório, celeridade e eficiência – método esse que propiciaria uma espécie de legitimação pelos resultados, dentre eles a moralização da vida pública.

Ainda que primem por explicar pouco e convencer sem provar quase nada, esses adjetivos também ganharam presença na mídia. O denominador comum entre eles é duplo. Por um lado, está a questão da influência da opinião pública sobre os tribunais; mais precisamente, sobre a capacidade da justiça de interpretar os sentimentos da sociedade e de se alinhar com ela, desde que isso não seja incompatível com a ordem constitucional. Por outro, está a questão da interpretação dessa ordem, que é composta por cerca de 180 mil leis federais e por um texto constitucional com elevado número de normas programáticas – aquelas que, por fixarem princípios éticos e sociais, não são autoaplicáveis, dependendo de outras normas para se viabilizarem.

No primeiro caso, as perguntas que podem e devem ser feitas são conhecidas. Até que ponto um juiz deve decidir conforme o clamor público, valendo-se de interpretações criativas do direito para avançar sobre as áreas de atuação do Legislativo e sobre as competências do Executivo? Inversamente, até que ponto esse juiz pode exercer um papel contramajoritário, interpretando estritamente as regras e respeitando rigorosamente o devido processo legal, com o objetivo de proteger minorias? No segundo caso, o problema do controle sobre a produção dos efeitos jurídicos do sistema legal e da avaliação das consequências das decisões judiciais também é conhecido. Quando um texto constitucional contempla normas principiológicas ou programáticas que se expressam por meio de conceitos vagos e indeterminados, isso não acaba inviabilizando o direito positivo como técnica, levando à perda da identidade sistêmica de todo o ordenamento jurídico?

Na sua versão mais simplificada, a da mídia e a dos meios políticos, essas indagações e os problemas por elas suscitados gravitam entre dois modos opostos de aplicação do direito. O primeiro entende que as normas constituem a premissa maior, dentro da qual o caso concreto configuraria uma premissa menor, possibilitando assim uma conclusão lógica e uma decisão judicial objetiva. No fundo, é como se o sistema jurídico fosse derivado de um conjunto geral de axiomas. O segundo modo parte da premissa de que as normas são apenas parâmetros para o intérprete – e quando elas são principiológicas ou programáticas, tendem a servir de justificativa posterior para uma escolha feita diante do caso e produzida por vias diferentes.

Na versão mais técnica, a dos teóricos do direito, as indagações e os problemas acima suscitados vão muito além da oposição entre aplicação mecânica e objetiva do direito e interpretação subjetiva. Nessa linha, o sentido da norma não está objetivamente fixado no texto, dependendo fundamentalmente do resultado da interpretação. A aplicação ou concretização da norma passa pela interpretação de seu texto, por um lado, e constitui-se de elementos que compõem o âmbito da norma, como as doutrinas e as teorias jurídicas, por outro. Doutrinas são construções com base em ideias de política legislativa e em pressupostos de normas ou de interesses por elas tutelados. Teorias propiciam o ambiente valorativo que envolve o direito positivo. Forjadas com base em textos de normas anteriores, que não são os mesmos envolvidos no caso *sub judice*, teorias e doutrinas são fonte do direito, na medida em que informam e influenciam a decisão de um litígio. Assim, texto e processo histórico estão em constante interação, o que faz com que a solução dada ao caso em julgamento não resulte do livre-arbítrio do intérprete, mas de uma racionalidade condicionada pela experiência acumulada dos tribunais. Racionalidade essa que, nas instâncias superiores, permite aos seus magistrados equilibrar valores, princípios, finalidades, obrigações e permissões. A necessidade desse equilíbrio decorre, entre outros motivos, da dificuldade de se conjugar em termos lógico-formais uma ordem temporal concreta, na qual os cidadãos se encontram imersos em múltiplas redes de relações sociais, com os conceitos e as categorias normativas abstratas e atemporais do direito positivo. Diante dos conflitos entre pessoas, corporações e classes sociais, o que prevalece não é uma aplicação dedutiva das normas jurídicas, mas uma mescla inevitável entre legislação e adjudicação, entre direito e doutrina.

À luz dessas considerações é que se pode examinar o comportamento recente do STF, que tem surpreendido negativamente, dada a tendência de alguns ministros de exorbitar em matéria hermenêutica. Se a corte hoje intervém até mesmo no debate sobre estratégia econômica, o que faz da insegurança jurídica um entrave ao investimento produtivo e à retomada do crescimento econômico, isso não pode ser atribuído apenas a falhas técnicas nos métodos que têm sido utilizados para interpretação e aplicação das normas constitucionais. Decorre, também e acima de tudo, dos chamados males de composição – ou seja, dos problemas de falta de envergadura, competência e compostura de alguns de seus integrantes; e também do desconhecimento de filosofia e teoria do direito, disciplinas das quais a hermenêutica jurídica faz parte. Como disse a jornalista Rosângela Bittar, do jornal *Valor Econômico*, se no passado o STF era integrado por catedráticos, parlamentares experientes e respeitados, presidentes dos Tribunais de Justiça dos estados mais importantes e advogados que passaram pela política, ou seja, pessoas que emprestaram sua biografia à corte, hoje se tem o inverso: pessoas que foram para lá com o objetivo de melhorar a biografia.

É sob essa luz que se deve examinar o embate entre juízes garantistas e consequencialistas. Por apego excessivo às normas com conceitos determinados e às interpretações restritivas, os primeiros não dão o devido valor à complexidade de sociedades cambiantes e heterogêneas, como a brasileira. Prendem-se a uma racionalidade lógico-formal insuficiente para viabilizar uma engenharia jurídica eficaz baseada em regulamentações gerais. Esquecem-se de que as palavras nos textos legais não são cristais transparentes e imutáveis, mas a pele que encobre um pensamento vivo e que varia de tamanho e conteúdo conforme a circunstância e o tempo em que seja utilizada, como diziam os realistas americanos já no século XIX. Por apego excessivo às normas programáticas, assumindo a moralidade pública como bandeira, os segundos parecem não apreender que os princípios jurídicos exigem um mínimo de organização e sistematização, teimando assim em analisar os litígios em termos dicotômicos e maniqueístas, como se as partes representassem o bem e o mal, a honestidade e a corrupção. Confundem hermenêutica jurídica com escolhas voluntaristas, certos de que estão agindo como guardiões da moral coletiva.

Para escapar dos equívocos cometidos por garantistas e consequencialistas, uma saída é compreender que o direito não é algo pronto, acabado no momento de sua positivação, e que depende somente de uma única interpretação. Acima de tudo, ele é uma construção que tem como base a experiência e não a lógica. Como dizia Oliver Wendell Holmes Jr., a grande referência do realismo jurídico americano,

as necessidades sentidas em todas as épocas, as teorias morais e políticas que prevalecem, as intuições das políticas públicas, claras ou inconscientes, e até mesmo os preconceitos com os quais os juízes julgam, têm importância muito maior do que silogismos na determinação das regras pelas quais os homens devem ser governados.[17]

Em outras palavras, "o direito incorpora a história do desenvolvimento de uma nação através dos séculos e não pode ser tratado como se compreendesse tão somente axiomas e corolários de livros de matemática"[18]. Para apreender o que é o direito, "deve-se saber o que ele tem sido e qual a tendência que há de se transformar; deve-se consultar alternativamente a história e as teorias jurídicas existentes"[19], concluía ele.

Garantismo *versus* consequencialismo é, assim, um debate determinado mais por razões políticas conjunturais do que por fatores jurídicos estruturais, e que passa ao largo dos problemas gerados pelo fosso entre as leis em vigor e os valores e as tensões sociais emergentes. É um debate que costuma ser travado em países que nunca tiveram juristas do porte de um Oliver Wendell Holmes Jr. como base para uma reflexão não apenas sobre as técnicas de interpretação das leis, mas também sobre as funções da magistratura – mais precisamente, sobre o desafio de ajustar sua função a uma sociedade em mudança e em crise.

---

17. *The Common Law*, p. 1.
18. Ibidem.
19. Ibidem.

23. A BANALIZAÇÃO DO HABEAS CORPUS

Ao entrar com pedido de *habeas corpus* no TRF-4 com o objetivo de criar uma situação de fato que favorecesse um ex-presidente da República preso por ordem judicial, em julho de 2018, os idealizadores dessa estratégia agiram politicamente, uma vez que todos os recursos judiciais cabíveis na corte já haviam sido rejeitados. Com seu ativismo, estimularam a apresentação de mais de 250 pedidos padronizados de *habeas corpus*, todos não acolhidos pelo STJ. Um mês depois, a defesa técnica do ex-presidente pediu ao STF a retirada de um recurso no qual pedia sua libertação, para evitar que sua inelegibilidade fosse julgada antes do TSE.

Não analiso aqui o mérito da condenação do ex-presidente, mas a estratégia política e jurídica de sua defesa. E o ponto para o qual chamo atenção está num risco que ela implica e que não tem sido suficientemente discutido: o de banalizar o sistema de recursos processuais;

mais precisamente, o *habeas corpus*, instrumento decisivo na luta pela redemocratização do país, entre 1977 e 1978. Foram anos trágicos, em que Raymundo Faoro, então presidente da OAB, colocou o peso da entidade no esforço pelo restabelecimento do *habeas corpus*, para que cidadãos não fossem presos nas ruas sem identificação da autoridade e levados aos porões dos órgãos de repressão da ditadura militar para serem torturados. "O mínimo é a libertação do medo de que a Declaração dos Direitos Humanos fala. Essa é a condição mínima para a convivência política. Quem vai verificar o *habeas corpus* é a magistratura, que queremos que seja independente e não dependente do arbítrio do Ato Institucional nº 5", disse Faoro, em resposta ao convite que lhe foi formulado pelo governo Geisel para dialogar sobre uma eventual abertura política. "Não queremos que a coragem do juiz seja um atributo pessoal. Deve ser uma garantia da sociedade, da nação, atribuída a ele em benefício da própria comunidade. Para nós, isso é quase um dogma", concluiu[20].

Na circunspecta simplicidade dessas declarações está implícito que a continuidade da luta pelo retorno à democracia deveria ser o objetivo prioritário da sociedade civil como padrão de convivência coletiva fundada nas liberdades públicas. Como o AI-5 era uma "pistola engatilhada", afirmava Faoro, sem o restabelecimento do *habeas corpus* não havia condição para o início do diálogo proposto pelo governo. Quatro décadas depois, é possível afirmar que também estava implícita a consciência de Faoro de que tanto o direito quanto a política têm seus paradoxos. No caso do direito, ainda que intervenha nas relações sociais mais importantes, seus institutos e procedimentos parecem escapar ao conhecimento da maioria da sociedade. Fala-se muito em direito, mas não se compreende bem suas técnicas. No caso da política,

---

20. Entrevista concedida a mim e publicada pelo *Jornal da Tarde*, com o título "Faoro em Nome da Lei", 6 maio 1978.

enfatiza-se muito a importância de uma cidadania que decide, controla e estabelece metas e rumos, ao mesmo tempo que também se fala muito em democracia. Seu funcionamento eficaz, porém, depende de atores que ela muitas vezes não é capaz de produzir.

Por isso, uma opinião pública que não conheça noções mínimas de direito e não seja capaz de avaliar os políticos, antes de votar, pode ser instrumentalizada ou convertida em expectadora de uma política midiática, que manipula símbolos e se expressa por encenações, vivendo de evento em evento. A política midiática se deve ao fato de que é mais fácil para os eleitores fazer um juízo sobre pessoas do que sobre assuntos complexos, que pressupõem o conhecimento de regras, condicionantes socioeconômicos, determinantes culturais e fatores históricos. Nos juízos mais simples, comuns à política midiática, prevalecem o populismo e o maniqueísmo, sob a forma de indignação, de discurso moralizador e de narrativas de vitimização. Debates sobre temas como *habeas corpus* tendem a ser empobrecidos.

Decorrem daí os efeitos corrosivos das afrontas às instituições jurídicas, por parte de lideranças acostumadas não só a desqualificar seus adversários, mas também a reivindicar direitos cuja concessão implica sua negação aos grupos e partidos políticos rivais. Também decorre daí a instrumentalização dos recursos judiciais com o objetivo de travar e deslegitimar o processo político. De certo modo, isso ajuda a entender por que a ordem entre os poderes da República foi subvertida ao longo dos anos, a ponto de o STF, órgão colegiado por princípio, ficar ao capricho das inclinações ideológicas e predileções políticas individuais dos ministros que a integram. O equilíbrio dos poderes, sem que um subjugue os outros, cedeu vez a um quadro de poderes sob suspeição mútua. Aumentou a distância entre o legal e o legítimo na ordem jurídica.

A democracia é o regime no qual a divisão de direitos e deveres libera conflitos de interesse, ao mesmo tempo que propicia mecanismos de entendimento e de negociação que ajustam divergências e ajudam a construir soluções políticas legítimas. Na democracia, em cujo âmbito a política não pode ser entendida fora de um quadro de referências normativas, da hierarquia institucional e da impessoalidade nas relações de dominação, o desafio está na aprendizagem coletiva tanto do reconhecimento recíproco entre os atores políticos quanto do respeito às instituições de direito, uma vez que a instrumentalização político-eleitoral de suas regras dificulta – quando não inviabiliza – as experiências possíveis de uma vida democrática comum. Não sei qual seria a posição de Faoro sobre a situação jurídica do ex-presidente preso. Creio que, provavelmente, ele criticaria sua condenação. Independentemente disso, é preciso não esquecer que, quando recursos judiciais são banalizados, sob qualquer pretexto, perde-se a própria noção de direitos. E era justamente essa noção que Faoro tinha em mente há quatro décadas, quando enfrentou a ditadura para exigir o restabelecimento do *habeas corpus*.

24. POLÍTICA JUDICIALIZADA

Com a sucessão de críticas ao STF, no sentido de que ele vem julgando situações iguais de modo diferente e de que seus ministros estariam usurpando o poder democrático por meio de decisões monocráticas, o tema da judicialização voltou com força à agenda. Veja-se, por exemplo, o discurso de posse do novo presidente da corte, que falou menos como magistrado e mais como político. Veja-se também a estratégia adotada pelo PT na campanha presidencial. Tendo durante meses desqualificado o pleito por causa da inelegibilidade de seu verdadeiro candidato, ele optou por inundar os tribunais com recursos judiciais para tirar todos os dividendos eleitorais possíveis dessa iniciativa. Só no caso da tentativa de registro de seu real candidato foram protocolados dezessete recursos.

A judicialização da política surgiu em muitos países a partir da segunda metade do século XX. No Brasil, ganhou impulso com o surgimento da ação civil pública. Criada

123

em 1985, ela permite que um grupo ou uma instituição possa se apresentar como representante de uma coletividade, substituindo-a processualmente. Utilizado em larga escala em decorrência da multiplicação dos movimentos sociais e entidades de defesa de direitos humanos empenhados em assegurar o acesso de segmentos desprotegidos aos tribunais, esse instrumento processual deu visibilidade a diversas reivindicações, como as que pedem a concretização dos direitos sociais assegurados pela Constituição.

Ao colocar essas reivindicações sob a forma das técnicas e especificidades do direito, a judicialização não se limitou a multiplicar o número de litígios plurilaterais no Judiciário e a colocar em novos termos a aplicação de direitos difusos e direitos coletivos. Também exigiu de promotores e juízes novos argumentos e novas fundamentações legais, e ainda envolveu os tribunais em atividades até então tidas como exclusivas do Executivo. Isso ocorreu com as ordens judiciais para que esse poder destinasse recursos financeiros à implementação de programas sociais, o que levou o Judiciário a interferir crescentemente na produção e distribuição de bens coletivos e em suas formas de financiamento. Esse modo de agir dos tribunais ampliou o alcance do STF, cujo papel é garantir as liberdades públicas, preservar o Estado de Direito e impedir que maiorias políticas manipulem as regras do jogo em proveito próprio. Mas, no exercício desse papel, e diante do desafio de readequar a ordem jurídica a um processo de redemocratização que, após a promulgação da Carta de 88, converteu a política em múltiplos espaços de conflitos coletivos, o Judiciário deixou de ser um Poder fiscalizador do cumprimento das leis e assumiu funções transformadoras.

A ideia de que o Executivo, o Legislativo e o Judiciário deveriam ser independentes partiu da premissa de que a divisão dos poderes assegura uma separação entre a política e o direito. Em nome da harmonia entre eles, regulamentou-se o exercício da política, considerada legítima no Executivo e no Legislativo, mas vedada no Judiciário. Este era visto como capaz de controlar os antagonismos políticos de modo imparcial. Com as mudanças sociais e econômicas na transição do século XX para o XXI, o papel institucional do Judiciário voltou a se alterar, passando de controlador da constitucionalidade das leis para a de depositário da legitimidade constitucional, controlando até mesmo as emendas à própria Constituição. À medida que a sociedade se tornou mais complexa, criando novas possibilidades de ação e, por tabela, novos problemas e dilemas, esse tipo de controle deixou de ser voltado ao passado para saltar para o futuro. Em vez de se limitar ao que já ocorreu, preocupa-se com o que ocorrerá e em que circunstâncias.

Com isso, em vez de se concentrar nos procedimentos formais inerentes às regras do jogo, os tribunais hoje também enfatizam a eficiência dos resultados. A atuação dos juízes deixou de ser pautada só pelos critérios de legalidade e passou também a ser balizada pelos princípios da eficiência, da economicidade e da justiça substantiva, com ênfase em temas como distribuição de renda, inclusão social e defesa das minorias. Isso explica por que muitos ministros de tribunais superiores insistem em tomar decisões monocráticas, com base numa agenda própria. Desprezando interpretações mais restritivas das leis, passaram a fazer interpretações criativas e a invocar princípios jurídicos para "fazer a história avançar". O problema é que esses tribunais frequentemente revelam-se despreparados quando a dinâmica dos fatos mais problemáticos se acelera e a capacidade de seus integrantes de avaliar seus efeitos é pequena, o que tende a gerar insegurança jurídica e provocar crises institucionais.

Diante desse cenário, em que os conflitos de competência entre os poderes acabam produzindo vácuos que vão sendo ocupados por juízes que imaginam deter uma independência individual como se fosse decorrência natural de seus cargos, há quem recomende enxugar a Constituição por meio da supressão de artigos e a aprovação de uma lei que criminalize o abuso de autoridade. A ideia é que essas medidas conteriam os poderes do STF, reduziriam o protagonismo de magistrados e permitiriam ao Executivo gerir a economia sem risco de travamentos judiciais. Mas em que medida essas estratégias são viáveis num período em que as formas hierárquicas do Estado e o princípio da tripartição dos poderes têm de se adequar à expansão de redes sociais e mercados globalizados, a um mundo cada vez mais marcado por interdependências e policentralidades, onde a justiça não tem mais o monopólio da resolução de litígios, perdendo espaço para a arbitragem? Sejam quais forem as respostas a essas questões, a judicialização da política é um problema mais complexo do que transparece no debate político.

PARTE II

INSTITUIÇÕES, DEMOCRACIA E SOCIOLOGIA DA CONSTITUIÇÃO

1. REFORMAR A CONSTITUIÇÃO: DA DISCUSSÃO NECESSÁRIA AO IRREALISMO POLÍTICO

Entre as ideias produzidas ultimamente na aridez do cerrado, circulou há alguns meses uma proposta de substituição do atual sistema de governo por um modelo semipresidencialista nos moldes vigentes na França, desde 1958, e em Portugal, desde 1983. A discussão ganhou algumas manchetes dos jornais, mas logo foi relegada para pé de página em razão, entre outros motivos, do enorme descompasso entre mecanismos institucionais e doutrinas europeias, de um lado, e as condições socioeconômicas, políticas e culturais brasileiras, de outro. Foi mais uma demonstração do que dizia Oliveira Vianna há décadas: "nossos políticos, legisladores e dirigentes governamentais não conhecem, e mesmo desdenham conhecer, o país e o povo que dirigem"[1] e para o qual legislam.

1. *Instituições Políticas Brasileiras*, p. 18-19.

Às vésperas do trigésimo aniversário da Constituição, e em meio ao turbilhão de críticas de que o STF estaria exorbitando ao interpretá-la, agora se fala numa proposta que coloca novamente Oliveira Vianna como leitura obrigatória. Para conter a corte suprema e ao mesmo tempo evitar os riscos e as contingências de uma revisão constitucional, a ideia é desidratar a Carta de 88 por meio de Propostas de Emenda Constitucional que suprimiriam parte do texto vigente. Em outras palavras, trata-se de uma estratégia de "enxugamento normativo" mediante a revogação de determinadas matérias constitucionais e/ou sua transferência para a legislação infraconstitucional com o objetivo de: (a) reduzir a jurisdição e as competências da corte no exame dos conflitos políticos inerentes ao processo legislativo e (b) neutralizar um ativismo de inspiração neoconstitucionalista de alguns de seus ministros, principalmente os que almejam "fazer avançar a história". Em outras palavras, quanto menor for a Constituição, menor será a base legal para que o STF possa intervir em atos e matérias de alçada do Legislativo e do Executivo. Quanto mais princípios forem expurgados da Carta, menores serão os poderes do STF e a discricionariedade de seus ministros. Por consequência, menor será a possibilidade de judicialização da vida política e da administração pública. O "enxugamento" da Constituição seria a resposta mais eficaz ao protagonismo da mais alta corte do país, que estaria avançando sobre a autonomia dos demais poderes ao julgar a Constituição, em vez de aplicá-la – afirmam os defensores dessa estratégia.

Tomada pelo seu valor de face, a proposta tem lá sua engenhosidade. Analisada de modo cuidadoso, porém, configura mais uma tentativa de deter o STF, com o agravante de seus defensores relegarem a segundo plano não só os problemas metodológicos de hermenêutica constitucional, que não são poucos, mas também questões fundamentais do próprio regime democrático. Uma dessas questões envolve a própria especificidade do direito, que é a de se obrigar a oferecer uma decisão a todos os casos qualificados como jurídicos. Outra questão diz respeito ao Judiciário, que exerce atribuições preordenadas pelo direito. Do intercruzamento dessas questões resulta o chamado princípio do *non liquet*, ou seja, a proibição de denegação de justiça que obriga os tribunais a dar uma decisão a todos os casos jurídicos que lhes são submetidos, o que os compele, por consequência, a dar uma resposta tanto aos casos simples, os mais corriqueiros, quanto aos casos difíceis, aqueles para os quais a legislação prevê várias normas que propiciam sentenças distintas, seja porque as normas são contraditórias, seja porque não haveria uma norma clara a ser aplicada.

Em razão do princípio do *non liquet*, os tribunais não podem deixar de receber e julgar, por exemplo, os recursos impetrados por minorias inconformadas com derrotas no plano político, procurando revertê-las judicialmente. Se é verdade que não cabe à justiça tomar para si escolhas políticas próprias do Executivo e do Legislativo, também é verdade que muitas vezes ela é provocada a fazê-lo, como nesses casos. No mesmo sentido, os tribunais são obrigados a suprir omissões do legislador, por provocação de partidos, sindicatos, associações empresariais e ONGs, bem como a exigir dos poderes públicos a implementação de programas e de medidas que concretizem a vontade constitucional. Têm, ainda, entre outras atribuições, o dever de fiscalizar a submissão dos atos governamentais e legislativos às decisões judiciais fundamentadas em normas constitucionais resultantes de vontades majoritárias. E se for identificada alguma inconstitucionalidade nos atos do Executivo e nas leis aprovadas pelo Legislativo, o Judiciário pode bloquear as decisões da maioria. Aprofundando o argumento, se no passado as Constituições se limitavam a definir a organização e a separação dos poderes e a elencar um rol de direitos civis e garantias fundamentais, agora elas incorporam não só direitos sociais, econômicos e culturais, mas, igualmente, uma ampla gama de normas diretivas e programáticas. Hoje, as Constituições não são apenas instrumento de limitação do poder do Estado e definição das regras do jogo. Também buscam criar condições de realização de justiça substantiva, o que as obriga a ir muito além dos procedimentos formais. E isso recoloca na agenda pública, de modo mais intenso do que no passado, o problema do alcance e, principalmente, da efetividade das normas constitucionais.

Nesse cenário, há um problema que os defensores da proposta de "enxugamento constitucional", como estratégia de redução do alcance das decisões do STF e da discricionariedade de seus ministros, parecem não dar o devido valor. Para tornar a Constituição escoimada de princípios e voltada basicamente às regras do jogo, seria necessário que houvesse na sociedade brasileira práticas sociais sedimentadas – ou seja, costumes, rotinas e expectativas comuns de justiça. Contudo, como essa sociedade é marcada por níveis altamente iníquos de concentração de renda, forte exclusão social e agudas disparidades econômicas, setoriais e regionais, os mecanismos de formação de vontades coletivas estão erodidos e o contrato social se encontra esgarçado. Em vez de práticas sedimentadas e compromissos de reconhecimento recíproco, o que se tem são fraturas sociais, intercruzamento de conflitos e crescente anomia da vida urbana, em cujo âmbito não há valores comuns enraizados, e parte do poder se estabelece fora dos espaços institucionais, como se vê nas comunidades do Rio de Janeiro, onde as Forças Armadas não conseguem impor a ordem legal à ordem normativa do narcotráfico em determinadas áreas.

Nada disso é novo. Em menor grau, essa realidade já existia à época da Assembleia Constituinte, entre 1987 e 1988. Diante do desafio de obter padrões mínimos de consenso para a Carta que estava sendo redigida, os constituintes não tiveram outra saída a não ser compor uma Constituição com regras precisas e objetivas, quando disciplinavam comportamentos habituais e rotineiros, e normas programáticas ou principiológicas, quando tinham de legislar para os comportamentos cambiantes e antagônicos. Essas normas principiológicas, como já disse em outras oportunidades, destacam-se por seu conteúdo aberto, ou seja, por uma vagueza deliberada que nada mais é do que um expediente retórico, uma técnica pragmática que permitiu aos constituintes persuadir os cidadãos, independentemente de suas diferenças e divergências, de que suas reivindicações foram acolhidas. Ao propiciar a estabilização ou calibração de expectativas normativas, esse expediente – que permitiu aos constituintes colocar lado a lado no texto constitucional ideias muitas vezes contraditórias, quando não conflitantes – é bastante conhecido nos meios jurídicos. E quando essas normas de conteúdo aberto são aplicadas pelos tribunais, os magistrados são obrigados a "fechá-las", dando-lhes um sentido concreto ao aplicá-las no caso concreto *sub judice*, o que os converte em verdadeiros colegisladores, rompendo com isso as fronteiras e distinções funcionais entre o Legislativo e o Judiciário.

Ao não dar o devido valor a esse cenário, os defensores da estratégia de redução dos poderes e do alcance da atuação do STF, por meio do enxugamento da Constituição, retrocedem a um constitucionalismo típico dos séculos XVIII e XIX, limitado à definição das regras do jogo. De fato, a corte tem feito trapalhadas nos últimos tempos, primando pela incoerência, pelas imprecisões doutrinárias e pela falta de previsibilidade de suas decisões. No entanto, isso decorre basicamente da falta de envergadura de alguns de seus integrantes ou de excesso de protagonismo de outros, e não necessariamente de uma Constituição que, se por um lado contém normas desestabilizadoras das finanças públicas, especialmente as baseadas na lógica de interesses corporativos organizados, por outro contempla regras que estabelecem limites ao crescimento do gasto público e institucionalizam o princípio da responsabilidade fiscal. Que a Constituição é prolixa e extensa, tendo de ser adequada a uma economia que se transterritorializou e a um mundo conectado em tempo real, isso é evidente. O problema está na maquinação de saídas finórias e espertas, que podem virar bicho e comer seus formuladores. E é justamente esse o caso da tese do enxugamento constitucional.

Ao sugerir a depuração da Carta de 88 com o objetivo de deixar os ministros da mais alta corte do país sem base legal para determinar o bloqueio dos atos do Executivo e do Legislativo, os defensores dessa estratégia parecem não levar em conta os riscos inerentes à supressão dos laços normativos definidos pela Constituição que ainda vinculam cidadãos, grupos e classes numa sociedade tão heterogênea e conflitiva como a brasileira. Eles desconhecem, ou talvez subestimem, a realidade. Imaginam, ingenuamente, que a menor presença da Constituição – e, por tabela, da atuação do STF – pode levar a sociedade à autorregulação e à autocomposição de interesses. Esquecem-se, assim, do esgarçamento do contrato social acima mencionado. Mais precisamente, esquecem-se da guerra, no sentido literal do termo, que tem sido travada em certas áreas urbanas e em certos segmentos sociais, onde o que prevalece é o princípio de que quem não é amigo (ou comparsa) é inimigo – e, como tal, tem de ser eliminado. Metaforicamente, o "enxugamento constitucional" nada mais é do que uma tentativa inconsequente de se serrar o galho onde se está sentado.

2. OS TRINTA ANOS DA CONSTITUIÇÃO DE 1988: COMEMORAÇÃO OU REFLEXÃO?

Com a chegada da Constituição ao seu 30º aniversário, a indagação é saber se ela deve ser vista como texto sagrado, cuja força simbólica está nos valores e ideais que contempla e nas mudanças que promete realizar, ou se ela é apenas um documento que vai sendo reconstruído por seus aplicadores no dia a dia judicial. Uma das alternativas de resposta pressupõe a distinção entre Constituição rígida e Constituição aberta. A primeira tem caráter esquemático e uma estrutura fixa, prima pela racionalidade lógico-formal, contempla basicamente regras com sentido determinado e prioriza a segurança jurídica. A segunda tem uma estrutura flexível, combina racionalidade formal com racionalidade material, entrelaça regras e princípios e dá prioridade à efetivação dos direitos e valores consagrados pelo texto constitucional.

Como o sentido das normas jurídicas nunca está fixado objetivamente, por mais claro que seja, dependendo assim dos resultados de sua interpretação pelos tribunais, a resposta à pergunta feita acima parece evidente. Texto legal, realidade socioeconômica e política estão em permanente inter-relação, de modo que toda interpretação acaba sendo uma construção da realidade jurídica. Não discuto aqui a oposição entre interpretação subjetiva e interpretação objetiva do direito. Apenas afirmo que toda interpretação está de algum modo presa não só a uma avaliação subjetiva das normas, mas, igualmente, aos processos históricos que deram a feição que a Constituição tem hoje, três décadas após sua promulgação.

Por isso, idealizar acriticamente um texto jurídico é o mesmo que canonizar um conjunto de palavras elaborado em outra época, quando eram diversas as condições sociais, econômicas, políticas e culturais do país. Como explicar hoje a efetividade ou ineficácia de direitos sociais e direitos políticos formalmente consagrados há trinta anos? Essa é, a meu ver, a questão que tem de ser discutida. Entre outros motivos, podemos sublinhar que muitos políticos e advogados, acreditando que bastaria uma interpretação mecânica e neutra das normas para concretizá-las, como se o direito pudesse ser derivado de um conjunto de axiomas de conduta, a exemplo da matemática, não têm medido esforços para tipificar, em nome do "garantismo", o que chamam de crime de abuso de autoridade.

Desde o advento do mundo moderno, marcado por uma crescente diferenciação funcional que se cristalizou em torno de núcleos organizacionais como partidos políticos, sindicatos, empresas e burocracias públicas, não há como se formular um sistema de regras sem misclá-las com normas principiológicas ou programáticas – aquelas que estabelecem princípios éticos, políticos e sociais, por meio de conceitos vagos e indeterminados. Diante de pressões sociais contraditórias, as Assembleias Constituintes costumam recorrer a essa combinação como estratégia de acomodação de interesses, estabilização de expectativas e obtenção de legitimidade. Nas sociedades complexas, a lógica formal comum à concepção de Constituição rígida, encarada apenas como um conjunto de regras básicas que regula a criação das demais regras, fornecendo respostas-padrão para um repertório de problemas-padrão, não consegue dar conta das tensões e dos problemas que exigem intervenções compensatórias para as desigualdades sociais.

A Constituição rígida propicia a discussão de temas relacionados à validez formal, não se preocupando com o problema da eficácia material de seus dispositivos. Contudo, a partir do momento em que o direito deixa de ter como função apenas a imposição e a conservação das regras do jogo, passando também a exercer o papel de promover mudanças econômicas e transformações sociais, a efetividade de um sistema jurídico fechado e com pretensão de completude ou de uma obra acabada, que é viável em contextos sociais estabilizados e integrados, fica comprometida em contextos heterogêneos, conflitivos e cambiantes. Nessas sociedades, o sistema jurídico fechado entra em sobrecarga sistêmica, havendo a necessidade de uma concepção mais aberta de Constituição, vista como uma ordem jurídica capaz de compatibilizar sua estrutura constitutiva e o meio ambiente que a circunscreve. Por gerar problemas novos, que não encontram soluções previamente determinadas pelas regras, as sociedades complexas exigem soluções baseadas não apenas em regras, mas também e principalmente em princípios orientadores e propósitos legitimadores.

As concepções abertas de Constituição surgiram na Europa e nos Estados Unidos, mas em períodos e cenários historicamente distintos. Na Europa, elas tiveram um sentido mais culturalista e foram forjadas em sociedades fortemente divididas, com graves problemas de unidade étnica e territorial. Por isso, a integração era vista como um processo espiritual e dinâmico, o que fazia com que a aplicação de um texto constitucional tivesse como pressuposto uma certa flexibilidade por parte de seus intérpretes. Nesse sentido, entendia-se que a unidade própria criada por uma ordem constitucional não advém de um texto, mas de um *éthos* cultural comum. Na mesma linha, aceitava-se que as formas espirituais coletivas não são estáticas, configurando, isso sim, unidades de sentido de uma realidade espiritual num contínuo processo de reconfiguração social. Já nos Estados Unidos, a concepção mais aberta de Constituição se expandiu a partir do caso Madison *vs.* Marbury. Ele foi decidido em 1803, quando a Suprema Corte avocou para si o poder de controlar a constitucionalidade das leis, afastando as leis federais que, apesar de aprovadas pelo Congresso, contrariavam a Constituição de 1787.

Se o problema europeu foi a construção de uma ordem jurídica integradora, na perspectiva da formação de um Estado nacional, o problema americano era o de tornar essa ordem efetiva num contexto de maior unidade social e ideológica, porém com grande extensão territorial. Era impedir a ruptura da coerência interna do sistema jurídico baseado numa Constituição formada por poucos artigos. O problema europeu, ao contrário, consistiu em impor em territórios relativamente pequenos ou de médio porte, mas estigmatizados por divisões de interesses étnicos, econômicos, culturais e religiosos, uma ordem constitucional legítima. Em vários países do heterogêneo continente europeu o modelo de Constituição fechada cedeu lugar ao modelo de Constituição aberta, após o término da Segunda Guerra. Mas não se pode esquecer que, no debate doutrinário desse continente, a defesa de uma concepção rígida de Constituição – em nome da necessidade de impedir interpretações discrepantes que pusessem em risco a integração de sociedades potencialmente explosivas e fragmentárias – teve, em momentos históricos anteriores, mais consistência e presença política do que no debate doutrinário americano.

Esses dois cenários deixam claro que a conversão dos valores espirituais em direito positivo não permite que a Constituição seja vista como um texto pronto, estabelecido de uma vez por todas no momento constituinte – portanto, passível de ser canonizado como um documento sagrado. Cada uma a seu modo, as experiências europeia e americana mostram que a Constituição deve ser vista como uma construção hermenêutica sobre as inspirações históricas subjacentes à sua elaboração e às circunstâncias políticas do momento em que foi promulgada e em que é aplicada. As inspirações históricas e as circunstâncias políticas dizem muito mais sobre a estrutura de uma ordem constitucional e do sistema normativo de organização e legitimação do poder político por ela consagrado do que a ideia de que um simples conjunto de palavras elaborado no passado é, por si só, responsável pelo sucesso da democracia contemporânea. Assim, se a interpretação e a aplicação da Constituição estão abertas aos processos sociais, econômicos, políticos e culturais, isso relativiza o momento constituinte, não lhe conferindo um caráter extraordinário. "Os julgados de uma determinada jurisdição ao longo de uma geração levam em conta o conjunto do direito disponível, interpretando esse conjunto a partir dos pontos de vista da época na qual o direito é aplicado"[2], dizia há um século Oliver Wendell Holmes Jr., a grande referência do pensamento jurídico americano. Os argumentos, contudo, são atuais e válidos para as democracias contemporâneas. Em outras palavras, a interpretação e a aplicação da Constituição consistem num processo de comutação autocrítica dos fundamentos do próprio sistema jurídico, não o vendo apenas como um ajuntamento lógico-formal de regras e procedimentos.

2. *The Essential Holmes*, p. 161.

Por isso, considerando (a) que não há valores totalmente consensuais e em condições de serem racionalizados pelo legislador, (b) que há uma permanente tensão entre a linguagem do texto constitucional e a intenção do legislador constituinte e (c) que uma Constituição vive de sua interpretação, já que os métodos hermenêuticos implícitos na aplicação de suas regras e princípios podem ser vistos como uma forma de consolidação democrática, o 30º aniversário da Carta de 1988 deve ser objeto, mais do que de comemorações com direito a banda de música e discurso, de avaliações críticas e de reflexões profundas sobre seus resultados e sobre o que pode continuar oferecendo em matéria de garantias individuais, valores fundamentais, crescimento econômico e inclusão social.

3. TEMPO E ESPAÇO NA CONSTITUIÇÃO DE 1988

Apesar de o 1º turno da eleição presidencial ter sido realizado dois dias após o 30º aniversário da Constituição, poucos candidatos a elegeram como um dos temas a ser debatido. E os que o discutiram, concentraram as críticas no sentido de que, por ser prolixa e conter um número excessivo de dispositivos típicos de leis ordinárias, ela engessaria a gestão da economia, não garantiria a segurança aos contratos e inibiria os investimentos. Decorrente da insegurança jurídica disseminada pelo texto constitucional – afirmaram eles –, a insegurança econômica teria inviabilizado o equilíbrio entre crescimento e equidade. Também teria introduzido valores irredutíveis ao cálculo econômico, prejudicando o progresso material, a afirmação do princípio da responsabilidade fiscal e a formulação de programas governamentais capazes de manter as contas públicas equilibradas. Teria, por fim, dificultado a aprovação de políticas mais amplas de reforma das funções do Estado.

Na justificativa dessas críticas, estão implícitas algumas ideias fundamentais do neoinstitucionalismo econômico, uma vez que, para essa corrente, instituições influem no processo de desenvolvimento, na medida em que definem as regras do jogo, tanto as informais, resultantes de hábitos e costumes sociais, quanto, principalmente, as formais, estabelecidas pela Constituição[3]. As instituições regem não apenas as interações entre cidadãos e empresas, mas também as relações deles com o Estado. Ao fazê-lo, estabelecem incentivos que moldam o comportamento social e determinam que tipo de economia e sistema político efetivamente se tem. Assim, o desenvolvimento econômico depende de instituições que estimulam o investimento e a eficiência produtiva, por meio da minimização dos riscos e dos chamados custos de transação.

Ainda na linha de argumentação, também está implícita a ideia de que instituições econômicas sérias, responsáveis e consequentes tendem a encorajar a especialização, a inovação e o aumento da produtividade. Está implícita ainda uma crítica às Constituições abertas e programáticas, sob o argumento de que, ao se expressarem por meios de conceitos polissêmicos ou indeterminados, como função social do contrato e função social da propriedade e princípios como os da boa-fé e dignidade do trabalho humano, elas permitiriam aos juízes interpretá-los de modo extensivo, tolerando – em nome da justiça social – o não cumprimento de atos juridicamente perfeitos e o desrespeito à propriedade privada por excluídos e hipossuficientes. O resultado inevitável da imprevisibilidade judicial inerente à aplicação de normas constitucionais principiológicas seria a falta de estabilidade das regras e, por consequência, a incerteza jurídica, gerando falta de previsibilidade para o cálculo econômico, aumentando os riscos, multiplicando custos regulatórios e desestimulando investimentos.

---

3. Cf. P.A. Hall; R. Taylor, As Três Versões do Neo-Institucionalismo, *Lua Nova*, n. 58, p. 193-223, disponível em: <http://www.scielo.br/>.

Assim, para que o Brasil possa melhorar a qualidade da legislação e forjar instituições econômicas eficientes, capazes de modernizar a máquina governamental e introduzir em todas as suas instâncias critérios há tempos perdidos de profissionalismo, impessoalidade, moralidade e publicidade, é preciso rever a Constituição de 1988. Seria uma condição necessária, ainda que não suficiente, para a governabilidade e a retomada do crescimento. A revisão permitiria, por um lado, escoimá-la dos conceitos indeterminados, restabelecendo o que os economistas chamam de "certeza jurisdicional"[4]. Por outro, permitiria enxugá-la com o objetivo de desconstitucionalizar a gestão econômica e transferir temas relativos a gastos, tributos e finanças públicas à legislação infraconstitucional. Desse modo, poder-se-ia restabelecer a concepção liberal clássica da Constituição como o conjunto das regras do jogo e como mecanismo destinado a balizar as expectativas, propiciando assim calculabilidade e previsibilidade a cidadãos, empresas e órgãos burocráticos.

Na visão dos críticos da Carta de 1988, uma Constituição elaborada nos moldes clássicos – enxuta e sem normas programáticas, aquelas que estabelecem princípios éticos, políticos e sociais – asseguraria o primado da compatibilidade vertical das leis que integram a ordem jurídica, fornecendo saídas lógicas e previsíveis. Caso a revisão venha a ser promovida nessa perspectiva, o país passaria então a contar com um modelo de Constituição rígida, esquemática, fechada e basicamente formal, em detrimento da ideia de uma Constituição principiológica, finalística e aberta ao processo jurídico-político, que prevaleceu na Assembleia Constituinte, entre 1987 e 1988.

A discussão é importante, não há dúvida. Contudo, ela parte de alguns pressupostos – como soberania, legalidade, território e monismo jurídico que estão sendo corroídos

---

4. P. Arida; E. Bacha; A. Lara Rezende, *Credit, Interest, and Jurisdictional Uncertainty: Conjectures on the Case of Brazil*, disponível em: <http://iepecdg.com.br/>.

pelas mudanças no tempo e no espaço, provocadas pelas transformações de uma sociedade cada vez mais fundada na informação técnica especializada. A ideia de soberania – conceito cujo contraponto se destaca por seu caráter espacial – é incompatível com o advento de redes eletrônicas que diluem as fronteiras com a transterritorialização dos mercados. Quanto mais eles se globalizam, menor tende a ser o poder de disciplina, tutela e regulação dos sistemas jurídicos nacionais. No limite, é como se estivessem condenados a exercer um papel menor, uma vez que a ideia de leis nacionais – inclusive a de Constituição – vai se revelando inconciliável com as regulamentações setoriais promovidas na economia globalizada por organismos multilaterais, como OMC, BM, FMI e OCDE. E a ideia de tempo diferido ou cronológico, subjacente tanto ao princípio do duplo grau de jurisdição dos tribunais quanto ao processo eleitoral, é incompatível com o tempo cada vez mais acelerado da economia.

Essa aceleração do tempo resulta da intensidade e da velocidade do processo de inovações científicas e tecnológicas. Trata-se de um processo que não termina jamais, não havendo assim um fim para a história econômica. Como dizia Joseph Schumpeter:

Essas revoluções não são permanentes. Elas ocorrem em explosões discretas, separadas por períodos de calma relativa. O processo como um todo, no entanto, não para, no sentido de que há sempre uma revolução ou absorção dos resultados de uma revolução", afirmava o teórico do que chamava de "tempestade eterna da destruição criadora".[5]

Ele se preocupava com crescimento e mudança, com inovações e descontinuidades, lembrando que o livre jogo de mercado passa por ondas, fases ou ciclos de forte turbulência – ou seja, de substituição de antigos negócios por

5. *Capitalisme, socialisme et démocratie*, disponível em: <http://www.ecoleliberte.fr/>.

novos empreendimentos, o que propicia comportamentos e expectativas que rompem a ordem estabelecida, aumentam as pressões competitivas e suscitam novas ordens estabelecidas, transformando incessantemente toda a sociedade. Progresso econômico significa tumulto na sociedade capitalista, concluía Schumpeter.

Nos dias atuais, a crescente velocidade do processo schumpeteriano de destruição criadora está corroendo os dois modelos de Constituição – tanto a fechada quanto a aberta. Com a sucessão cada vez mais veloz dos ciclos de concorrência e inovação, a vida útil dos bens, fórmulas e serviços inovadores diminui. Daí a necessidade que os agentes produtivos têm, para afastar os riscos de sucateamento precoce e de não amortização dos investimentos em tecnologia, de passar da escala nacional para a escala global, e de correr contra o tempo, procurando vender o mais rapidamente possível seus produtos inovadores. E é isso que faz com que a velocidade do processo econômico e, por consequência, da globalização dos mercados abra caminho para um novo circuito de produção normativa e represente uma ameaça à democracia.

Nesse cenário, é difícil equilibrar os diferentes tempos dos sistemas jurídico, político e econômico. O controle de tempo acaba, assim, sendo convertido em poder. Em seus primórdios, a época moderna instituiu novos geradores de tempo, como a produção, a técnica e o trabalho fordistas, que imprimiram um ritmo à sociedade e padronizaram uma noção de tempo em cada um desses sistemas. Graças à enorme capacidade de organização da sociedade industrial, essa sincronização do tempo funcionou de modo eficiente. Com o advento da sociedade informacional ao final do século XX, porém, na qual o processo de destruição criadora converteu antecipação e capacidade de movimento em sobrevivência econômica, essa sincronia se rompeu. Esse rompimento também ocorreu com a ideia de espaço territorial subjacente à sociedade industrial, dando vez a espaços

145

transterritorializados regulados por critérios cada vez mais centrífugos e flexíveis.

Nessa metamorfose da relação entre tempo e espaço, os mecanismos de exclusão tendem a ser hoje menos de ocupação territorial e mais de apropriação do tempo dos outros, sob a forma de aceleração, impaciência ou ausência de pontualidade. O tempo é fator de competitividade econômica e elemento fundamental nas táticas militares. Os novos estrangeiros não são os que vivem longe, mas os que vivem em outro tempo. O marginal não está na periferia, mas vive em outro tempo[6]. Essas mudanças entrecruzam uma nova forma de disparidade – a das formas sociais, a partir das quais se constrói uma nova hierarquia com o objetivo de unificar os tempos sociais, de tal modo que não existe apenas um desacordo entre o tempo da família, o tempo da escola e o tempo do sindicato, mas também uma dissonância entre os modos de harmonizar os tempos distintos.

O mundo vive com velocidades distintas, porque aparecem continuamente linhas de fratura entre diferentes dinâmicas. Decorre daí a falta de sincronia entre os avanços tecnológicos e a morosidade do direito, com sua intrincada sistemática de prazos e recursos. Também decorre daí a tensão entre eficiência econômica e legitimidade política; mais precisamente, a falta de sincronia entre o tempo real das decisões nos mercados de valores nos meios de comunicação e o tempo mais lento da política, com suas convenções partidárias, campanhas eleitorais, debates parlamentares e votações legislativas. A ciência e a tecnologia, assim como a economia, são mais rápidas em relação à regulação jurídico-política, e essa ausência de sincronia induz frequentemente o Legislativo a tomar muitas decisões anacrônicas e os

6. Cf. D. Innerarity, La Sociedad de la Innovación: Notas Para una Teoría de la Innovación Social, em D. Innerarity; A. Gurrutxaga, *Cómo es una Sociedad Innovadora?*; D. Innerarity, Un Monde désynchronisé, *Temps (science, art et philosophie)*, n. 2.

tribunais a tomar decisões muitas vezes desconectadas da realidade. O que muda, em outras palavras, não é apenas o contexto das atividades políticas e jurídicas, mas, igualmente, a própria política e o próprio direito, que acabam perdendo suas funções integradoras e sua força como vértices ordenadores da sociedade.

Nessa perspectiva, governar exige a coordenação temporal entre uma multidão de sujeitos, sistemas, sociedades e culturas que vivem num tempo plural. Legislar e regular demanda a observação do fluxo de coisas; exige ordenar o múltiplo sem reduzir ao idêntico; pressupõe o reconhecimento do pluralismo sem renunciar ao direito comum, unificar sem impor a fusão[7]. A democracia é convertida assim num jogo complexo de equilíbrios numa ordem de rapidez e lentidão. O pluralismo político se reflete como um pluralismo da temporalidade – veja-se, por exemplo, o tempo curto da opinião pública, o tempo médio do Legislativo e o tempo lento da elaboração de uma Constituição.

O projeto político da modernidade, que concebia a ordem legal como uma hierarquia lógico-formal de normas jurídicas claramente definidas, repousava em dois pilares. O primeiro era o da unidade do tempo histórico, da diferença entre o passado e o futuro e da ideia de progresso. O segundo pilar era o da compatibilidade do tempo de deliberação e da decisão política com o ritmo, a velocidade e o encadeamento da evolução social. Com isso, o projeto político da modernidade tinha condição de fazer face às necessidades que surgiam em cada esfera social, articulando os interesses coletivos por meio de programas, legislação e decisões executivas. Hoje isso se tornou anacrônico face à aceleração do tempo e da desterritorialização dos mercados. Como pode então a política exercer o papel de articuladora de processos tendencialmente autônomos?

---

7. Ibidem. Cf. também M. Castells, *Ruptura: A Crise da Democracia*.

A autodeterminação jurídico-democrática da sociedade requer pressupostos culturais, estruturais e institucionais que foram erodidos pela aceleração econômica e social. Essa aceleração tem um caráter despolitizador, na medida em que torna difícil a sincronização dos processos e sistemas e sobrecarrega a capacidade deliberativa do sistema político. Os Estados são lentos frente à rapidez das transações globais. Além da dificuldade de lidar com um processo que vai diferenciando a sociedade em subsistemas especializados, que tendem a adquirir autonomia, com racionalidades específicas, o direito positivo não suporta o ritmo, a intensidade e o alcance da transnacionalização da economia. Assim, governar se torna um problema, uma vez que as instituições políticas tendem a ver sua esfera de influência diminuir, em decorrência das exigências complexas de decisão e pressão midiática em favor de soluções rápidas.

Com isso, as instituições jurídicas e políticas enfrentam hoje um dilema: por um lado, têm de se adaptar ao desenvolvimento acelerado da ciência e da tecnologia. Mas, por outro, não conseguem acompanhar a velocidade da produção de um saber técnico cada vez mais especializado. Enquanto a tecnologia progride rapidamente, a velocidade das decisões políticas é limitada pelos procedimentos intrínsecos ao funcionamento do Legislativo e do Executivo. O Estado que surgiu como fator dinâmico nas sociedades modernas, graças à racionalidade administrativa e à profissionalização da burocracia, agora aparece como trava ou obstáculo ao desenvolvimento social. Daí as pressões pela desburocratização e pela descentralização como estratégia para acelerar as decisões da administração pública, por um lado, e abrir caminho para uma crescente potestade normativa, à imagem da *Lex mercatoria*, por outro.

Essa busca por maior eficácia explica também o deslocamento dos procedimentos deliberativos de decisão para grupos de especialistas e sistemas de peritagem, que são mais ágeis, porém menos transparentes, menos representativos e carentes de legitimação democrática. Quanto mais complexas e controvertidas são as decisões administrativas e políticas, mais tendem elas a ser transferidas para grupos de especialistas e de interesses nos organismos multilaterais, acelerando os processos de fragmentação do direito segundo lógicas setoriais de uma produção jurídica não estatal. Com isso, as instituições jurídicas centralizadoras do Estado-nação perdem jurisdição e espaço, competência e alcance. Como as situações mais importantes a serem reguladas já estão fora da dimensão nacional, o que tem sido estimulado pelas estratégias de relocalização industrial e de divisão interna do trabalho das empresas mundiais, com a centralização das funções de decisão e inovação e a terceirização das operações industriais, comerciais e de serviços, a operação do direito vai deixando de ser territorial para assumir dimensões funcionais em escala transterritorial, ainda que com limites temáticos. A unidade do direito cede lugar a fragmentos jurídicos condicionados pelas lógicas que orientam os diferentes campos sociais aos quais se referem, afirma um autor de formação sistêmica, como Günther Teubner[8]. "Sobre este palco agem diversos sujeitos, cada um recortando uma parte do poder antes unificado nos Estados nacionais, exercendo este poder fora de qualquer controle e visibilidade", diz Stefano Rodotà, em outra perspectiva analítica[9].

Em suma: num mundo temporalmente cada vez mais acelerado e espacialmente sem um centro institucional preciso, devido às pressões centrífugas inerentes às diferentes racionalidades dos sistemas sociais e econômicos, com suas direções diversas e muitas vezes conflitantes, a sociedade tende a perder a capacidade de se transformar

---

8. Cf. *Constitutional Fragments: Societal Constitutionalism and Globalization*.

9. Palestra proferida no Rio de Janeiro em 11 de março de 2003, disponível em: <http://www.rio.rj.gov.br/>.

pela atividade política. Esta pressupõe livre escolha, livre discussão e deliberações com base na regra de maioria – pressupostos que colidem com a lógica de mercados unificados. As instâncias mais poderosas de determinação do tempo, como é o caso, por exemplo, do sistema financeiro, não são democraticamente controlados e controláveis. Assim, na política o desafio é saber se, apesar da complexidade do mundo contemporâneo, uma sociedade pode configurar seu tempo coletivo por meio da ação política, atribuindo-lhe um sentido e a resolução dos problemas acarretados por uma aceleração discriminatória. No direito, o desafio é superar teorias jurídicas que se movem num vazio histórico e institucional; é repensar os paradigmas jurídicos a partir de uma nova arquitetura constitucional; é enfrentar uma situação-limite, expressa pela negação das noções formalistas de direito positivo e, ao mesmo tempo, necessitar de instituições jurídicas capazes de dar conta da pluralidade de conflitos surgidos em contextos sociais fortemente marcados por desigualdades, exclusão e anomia.

Enquanto esse desafio não for enfrentado, as eventuais discussões entre os presidenciáveis sobre a importância e o alcance da reforma da Constituição continuarão como hoje, pecando por falta de foco, de precisão técnica e de reflexão analítica.

4. SEMIPRESIDENCIALISMO, UMA IDEIA FORA DE LUGAR

> *Nossos legisladores não conhecem –*
> *e mesmo desdenham conhecer –*
> *o país e o povo para que legislam.*
>
> OLIVEIRA VIANNA, *Instituições Políticas Brasileiras*.

> *Ao longo de sua reprodução social, incansavelmente o Brasil põe e repõe ideias europeias, sempre em sentido impróprio. É nesta qualidade que elas serão matéria e problema para a literatura.*
>
> ROBERTO SCHWARZ, *Ao Vencedor as Batatas*.

Pressionado em razão da péssima imagem de sua gestão a criar fatos políticos positivos, o presidente Michel Temer propôs há alguns meses, com apoio de um ministro do Supremo Tribunal Federal, a adoção do semipresidencialismo como sistema de governo. Com isso, ao invocar os modelos vigentes na França, desde 1958, e em Portugal, desde 1983, Temer e esse ministro do Supremo Tribunal Federal recolocaram na agenda um conhecido problema: o descompasso entre ideias e doutrinas europeias importadas pelas classes dirigentes, em matéria de instituições políticas, e as condições econômicas, sociais e culturais do país.

No plano doutrinário, a expressão semipresidencialismo foi criada por Maurice Duverger, jurista francês que se dedicou à análise dos partidos políticos, da efetividade das Constituições e de formas de governo. Ele a apresentou em diversos ensaios e conferências, inclusive em entrevista a mim concedida em 1980 e publicada pelo *Jornal da Tarde*. Institucionalmente, no semipresidencialismo o presidente da República é eleito por voto popular e comanda o Executivo, mas indica um primeiro-ministro que exerce a função de coordenação do governo e pode ser destituído a qualquer momento, se perder a confiança parlamentar. Ou seja, o primeiro-ministro e o ministério são responsáveis perante o Parlamento. Obviamente, para funcionar bem, esse modelo pressupõe um sistema partidário organizado, com agremiações representativas e dotadas de identidade ideológica. Ainda que existam algumas diferenças entre os modelos francês e português, nesse modelo o presidente da República acaba detendo uma espécie de poder moderador.

Contudo, é possível transplantar esse sistema de governo no Brasil, cuja história política é distinta da de Portugal e da França? Até que ponto ideias importadas não acabam ganhando outros significados, apesar de manterem a aparência de sua significação nos países de origem? Assim, a dúvida é saber se o semipresidencialismo pode funcionar num país que, apesar das radicais mudanças econômicas e demográficas ocorridas entre as décadas de 1940 e 1990, continua marcado pela pobreza, pelo baixo nível educacional e pelas disparidades regionais – o que não ocorre na França e, em menor escala, em Portugal. O Brasil é um país onde as estruturas econômicas nasceram despegadas de um projeto de nação. É também um país cuja institucionalidade até hoje continua longe de ser moderna e eficiente e em que as formas de articulação entre Estado e sociedade civil jamais propiciaram uma efetiva emancipação dos segmentos desfavorecidos da população. É, ainda, um país que se acostumou a mudar as regras do jogo a cada impasse político, como se isso bastasse para que todas as dificuldades fossem equacionadas. Trata-se, enfim, de um país em que, desde a Constituição republicana de 1891, as instituições políticas foram moldadas pela concepção de um Estado liberal baseado nos primados da separação de poderes, da garantia formal de direitos civis e da democracia representativa. No plano substantivo, porém, esse Estado até hoje enfrenta dificuldades para se sobrepor às diferentes formas de coronelismo, clientelismo, populismo e cartorialismo disfarçado de mercado. Em outras palavras, no plano formal o país conta com instituições forjadas a partir de uma utopia europeizante ou americanizada, que têm se revelado incapazes de pôr fim às desigualdades e de propiciar um regime comum de valores.

Por isso, as tensões que caracterizam a vida brasileira continuam tendo como causa principal o descompasso entre as expectativas criadas pelo modelo de industrialização das décadas de 1940 a 1980 no conjunto da população e o acesso limitado aos resultados concretos por ele produzidos. Assim, apesar da necessidade de uma tomada de consciência coletiva em relação à ruptura dos gargalos estruturais que impedem o desenvolvimento econômico e social do país, os impasses e as discussões do passado continuam sem respostas no presente. Como organizar o debate sobre o sentido do progresso quando falta autoridade governamental? De que modo obter um consenso social mínimo em torno de um projeto nacional capaz de catalisar valores e anseios por meio de procedimentos democráticos? Quais devem ser as funções do Estado? Em que medida as funções de planejamento estratégico de investimentos e garantia das condições mínimas de funcionamento da economia e da sociedade conseguem acompanhar a crescente complexidade das técnicas de produção e da vida coletiva? Por fim, até que ponto é possível aceitar – cruzando-se a zona cinzenta entre moralidade e amoralidade e lembrando o tradicional embate entre burocracia profissional e política –, a distribuição de cargos e funções de Estado por meio de negociações com líderes de um sistema partidário fragmentado e desacreditado, em nome da viabilização da agenda do Executivo?

É nesse contexto que se deve analisar a proposta de adoção do semipresidencialismo. Pelo que tem sido dito por seus proponentes, as questões acima não foram levadas em conta no embasamento dessa propositura. Igualmente, seus objetivos não confessados parecem ser meramente pragmáticos, já que o governo tornou-se refém de interesses múltiplos e contraditórios, de demandas corporativas e setores econômicos conflitivos e de pressões regionais. Também nada foi dito sobre o enxugamento de cargos comissionados e sobre a limitação dos poderes dos governantes para autorizar nomeações – medidas necessárias para blindar cargos e funções do Estado contra nomeações de amadores, irresponsáveis e desonestos. Em nenhum momento, seus autores demonstraram ter consciência dos problemas de engate ou acoplamento entre a estrutura política e as estruturas sociais e econômicas – o que exigiria, certamente, sabedoria política e um esforço teórico de maior amplitude do que a simples alegação de que o semipresidencialismo deu certo na França e em Portugal.

Governos e governantes têm de atuar dentro dos limites constitucionais com apoio parlamentar. O problema é que, para corresponder às expectativas da população e atender às reivindicações daqueles que os sustentam no Legislativo, presidentes da República muitas vezes deixam-se seduzir por programas incompatíveis com a Constituição. Esse é o momento em que os dois princípios da legitimidade de um governo – o respeito à Constituição e a obediência a um mandato substantivo que vem diretamente da vontade popular – podem colidir, paralisando a máquina governamental e levando o Estado a perder as noções de estratégia e prioridade. Pressionado por bancadas partidárias heterogêneas, muitas das quais de duvidosa representatividade, carentes de credibilidade e que atuam como grupos de veto, ao mesmo tempo que dificultam a formação de maiorias responsáveis capazes de destravar o caminho das decisões de interesse nacional, esse cenário leva os chefes do Executivo a um dilema: respeitar a Carta que prometeram cumprir ou apelar para saídas heterodoxas, nas quais se inclui a substituição de sistemas de governo.

A importação de modelos institucionais europeus ou americanos sempre foi fortemente criticada pelo pensamento político-social brasileiro. Na vertente conservadora, Oliveira Vianna classificou como idealistas utópicos aqueles que se deixaram fascinar por "modelos estranhos e fórmulas políticas estrangeiras", ou seja, "aspirações políticas em íntimo desacordo com as condições reais e orgânicas da sociedade"[10]. Crítico das doutrinas constitucionais europeias e americanas, que a seu ver não se adequavam a uma "visão realista" do país, também chamou a atenção para o descompasso entre concepções liberais de Estado e ordem jurídica e as efetivas condições de uma sociedade dispersa, desarticulada e fragmentada. E lembrou, em *O Ocaso do Império*, que os partidos daquela época constituíam "simples agregados de clãs organizados para a exploração em comum das

---

10. *O Idealismo da Constituição*, p. 10.

vantagens do Poder" e que "os programas que ostentavam eram, na verdade, simples rótulos, sem outra significação que a de rótulos"[11]. Dito de outro modo, ideias e modelos políticos aplicados em outro contexto institucional e conforme outras circunstâncias socioeconômicas acabam produzindo ocorrências e consequências não registradas em seus países de origem. Na vertente à esquerda, valendo-se do conceito marxista de ideologia, Roberto Schwarz analisou o deslocamento das ideias europeias adotadas no Brasil e seu impacto na literatura brasileira no século XIX. Segundo ele, as ideias oriundas do universo burguês europeu já estavam fora de centro com relação ao seu uso na própria Europa, naquele momento histórico. Assim, se o discurso liberal já mascarava a realidade social e econômica da Europa, no Brasil seu sentido era ainda mais defasado. Na virada do século XIX para o XX, enquanto o federalismo instituído pela Constituição de 1891 foi importado dos Estados Unidos, o Legislativo funcionava nos moldes do parlamento inglês e uma burocracia de letrados se embevecia com a utopia europeizante, a sociedade ainda continuava organizada em torno da escravatura.

Independentemente das diferenças de orientação e de abordagem, essas duas linhas de argumentação podem, a meu ver, ser utilizadas para se analisar não só a tese do semipresidencialismo, mas também a forma como ela tem sido justificada e a proposta para que seja aprovada por emenda constitucional, sem consulta ao eleitorado por meio de um plebiscito.

11. *O Ocaso do Império*, p. 19

5. ALTERNATIVAS DE ARBITRAGEM PARA A PARALISIA DECISÓRIA

Diante da atual paralisia decisória no âmbito da política e da economia e dos impasses jurídicos e institucionais dela decorrentes, levando ao *impeachment* de uma presidente da República, creio ser útil tirar da gaveta dois artigos clássicos sobre o tema. Com o título "Obstáculos políticos ao crescimento econômico do Brasil"[12], o primeiro texto é de Celso Furtado e foi apresentado em 1965 durante um seminário promovido em fevereiro de 1965 pelo Royal Institute of International Affairs (Chatam House)[13]. Com o título "Presidencialismo de coalisão: o dilema institucional brasileiro",

---

12. Cf. *Revista Civilização Brasileira*, v. 1, n. 1.
13. O texto foi concluído em setembro de 1964, quando Celso Furtado encontrava-se exilado, passando um período acadêmico na *Yale University*. A versão em português foi publicada pela *Revista Civilização Brasileira*, v. 1, p. 129-145. A revista só teve cinco volumes, uma vez que foi fechada pela ditadura militar.

157

O segundo texto é de Sérgio Abranches e foi publicado em 1988 por uma revista do antigo Instituto Universitário de Pesquisa do Rio de Janeiro (Iuperj)[14], quando a Assembleia Constituinte encontrava-se diante de um impasse: dada a ausência de forças majoritárias capazes de definir uma linha programática precisa para a Carta que então se redigia, ela corria o risco de introduzir inovações políticas que poderiam levar a democracia a um quadro de ingovernabilidade. Ainda que sigam orientações diferentes e tenham sido escritos em momentos históricos distintos, os dois artigos têm sólida fundamentação teórica, destacam-se pela precisão analítica e têm o presidencialismo de coalizão como objeto, entre outros temas[15].

Ao identificar os obstáculos políticos que então impediam o Brasil de crescer, Furtado aponta os tipos de federalismo e de presidencialismo prevalecentes no país. Ao atribuir grande força no Senado às regiões mais atrasadas e com baixa densidade populacional, nas quais as pequenas unidades federativas agrícolas tinham influência decisiva, ele colocou essa casa legislativa – que representa os estados – sob o controle de minorias

14. Cf. S. Abranches, Presidencialismo de Coalisão: O Dilema Institucional Brasileiro, *Dados – Revista de Ciências Sociais*, Rio de Janeiro, v. 31, n. 1, 1988, p. 5-34. Hoje descontinuada, a revista foi publicada durante décadas pelo Instituto Universitário de Pesquisas do Rio de Janeiro (Iuperj).

15. Desde já esclareço que, na leitura desses dois textos, tomei como contraponto o entendimento de que o sistema político brasileiro é condicionado por uma simbiose entre um Estado central de cariz patrimonial-burocrático e elites regionais oriundas de setores economicamente atrasados e dependentes do apoio político e financeiro da União para sobreviver. O que qualifica esse tipo de Estado, afirma Schwartzman em sua respeitada tese de doutorado, é o fato de que o acesso ao poder não seria um meio para a garantia de determinados interesses de grupos ou classes determinadas, porém um fim em si mesmo, pelos benefícios que os cargos públicos e o controle de recursos extraídos pela máquina governamental podem proporcionar. Assim, as elites políticas das regiões economicamente mais atrasadas não seriam representantes de seus respectivos Estados. Seriam, sim, intermediários entre a máquina administrativa da União e as populações de suas regiões. Trata-se, pois, de uma intermediação na qual vivem e da qual se alimentam. Cf. Simon Schwartzman, *São Paulo e o Estado Nacional*, p. 21-25.

carentes de efetiva representatividade e com poderes oligárquicos e uma visão de mundo pouco refinada. Tendo a maioria no Senado, essas minorias oligárquicas acabam dispondo de uma posição privilegiada na disputa pelo controle das instituições políticas e, por consequência, da definição das prioridades orçamentárias e dos gastos públicos. Já as regiões mais desenvolvidas e densamente povoadas se fazem presentes nas eleições para a Câmara dos Deputados – que representa a sociedade e cujo número de parlamentares é proporcional à população de cada estado – e para o Executivo. Na Câmara, o problema seria o populismo com base nas massas trabalhadoras urbanas, cuja heterogeneidade exige dos líderes populistas compromissos contraditórios e disfuncionais[16].

Já no âmbito do Poder Executivo, o discurso vencedor nas eleições majoritárias, independentemente das ideologias das agremiações partidárias, é o que expressaria as reivindicações do Brasil moderno, onde se concentra a esmagadora maioria do eleitorado. Em seu artigo, Celso Furtado vê o governo federal basicamente como um aparelho arrecadador de impostos nas zonas urbanas e nas regiões mais desenvolvidas do país – impostos esses que se destinam ao financiamento e à manutenção de uma máquina administrativa sob controle de uma velha classe dirigente e servindo aos interesses desta. "Assim, tem sido possível mobilizar recursos das zonas mais desenvolvidas, principalmente dos centros urbanos, para manter um sistema de poder baseado na velha estrutura latifundiária", diz ele[17].

---

16. "O populismo pretende dialogar com massas heterogêneas, prometendo-lhes satisfação para as aspirações mais imediatas, sem qualquer preocupação com as consequências que daí poderiam advir a mais longo prazo. Por essa razão, todo grupo que atua organicamente dentro de um projeto seja de desenvolvimento histórico, seja de preservação de um conjunto de valores, tende a conflitar com os movimentos populistas", diz Furtado (op. cit., p. 141).
17. Na sequência, Furtado afirma que "o candidato à Presidência poderia haver-se proposto um programa realista, tendo em conta o poder que detêm aqueles que controlam tanto o Congresso como ▶

Esse quadro embute o risco de sucessivos impasses políticos, de graves tensões institucionais e, no limite, de uma potencial paralisia entre o Executivo e o Legislativo. Muitas vezes isso acaba pondo em xeque o chamado "poder de agenda" do Executivo[18]. Igualmente, gera insegurança institucional e incertezas que induzem os agentes econômicos a adiar as decisões de investimento. Nessas circunstâncias, diz Furtado, para legitimar-se um presidente da República tem de "operar dentro dos princípios constitucionais". No entanto, para corresponder às expectativas do Brasil moderno que o elegeu, "principalmente da população urbana consciente politicamente", tem de estabelecer metas e alcançar objetivos que são fiscal e administrativamente incompatíveis com os condicionamentos e as limitações políticas criadas dentro das mesmas regras constitucionais pelo Congresso controlado pelas classes dirigentes tradicionais. "Assim, os dois princípios de legitimação da autoridade – a subordinação ao marco constitucional e a obediência ao mandato substantivo que vem diretamente da vontade popular – entram em conflito, criando para o presidente a disjuntiva de trair seu programa ou forçar uma saída não convencional, que pode ser, inclusive, a renúncia"[19].

▷ grande parte do aparelho de Estado. Mas, nesse caso, ele simplesmente não conseguiria eleger-se, pois sempre apareceria outro candidato disposto a oferecer às massas a promessa que estas estão exigindo. A massa, pelo fato mesmo de que é amorfa, não tem qualquer possibilidade de participar do processo político, exceto no momento da barganha de seu voto contra promessas eleitorais" (C. Furtado, op. cit., p. 143-144).

18. A expressão é de Fernando Limongi e Argelina Figueiredo. Poder de agenda é a capacidade do Executivo de determinar quais propostas serão objeto de consideração pelo Congresso e quando o serão. Maior poder de agenda implica a capacidade do Executivo de influir diretamente nos trabalhos legislativos. Inversamente, menor poder de agenda pode ser visto quando presidentes fracos carecem de capacidade de interferência nos trabalhos legislativos. São obrigados a negociar, pois sabem que, sem concessões, não terão seus projetos votados e aprovados. Dos autores, cf. Bases Institucionais do Presidencialismo de Coalizão, *Lua Nova – Revista de Cultura e Política*, n. 44, p. 88, disponível em: <http://www.scielo.br/>.

19. C. Furtado, op. cit., p. 140.

O quadro é agravado pelo comportamento oportunista dos parlamentares que representam as minorias oligárquicas das regiões atrasadas[20] e também pelo comportamento cambiante e contraditório de líderes populistas eleitos pelas regiões mais desenvolvidas. Nem os primeiros nem os segundos teriam sensibilidade, competência, coerência e senso de responsabilidade em matéria fiscal. Por isso, todas as vezes que toma iniciativas nos campos tributário e orçamentário, o Executivo é emparedado por pressões, demandas irrealistas e chantagens, o que tende a paralisar a administração pública – e as saídas de que o presidente da República dispõe, na base de concessões aos partidos que o apoiam, levam à dispersão de recursos escassos e a gastos irracionais. Cria-se assim um círculo vicioso pelo qual a feudalização do poder é causa da ineficiência administrativa e esta é condição para que continue a fragmentação do poder, realimentando as condições que levam à paralisia decisória. Como destravar esse quadro e restabelecer o funcionamento das instituições? – indaga Furtado. O ideal seria que a resposta se desse com base na ordem constitucional. Contudo, à medida que ela também acabou submersa nesse cenário de ingovernabilidade no início da década de 1960, isso acabou criando as condições para um recurso extremo: a arbitragem militar, com as Forças Armadas convertidas numa espécie de corte suprema de julgamentos sobre os "limites constitucionais" do conflito[21]. Ela não eliminou as causas do conflito, mas

---

20. "O controle da máquina administrativa federal por grupos políticos locais constitui sério obstáculo a toda tentativa de racionalização dessa máquina. Por outro lado, a ineficiência que daí resulta para os órgãos administrativos limita a eficácia do governo central e fortalece os centros locais de poder." (Ibidem, p. 143).

21. Este papel obriga as Forças Armadas a "abdicar da função de juiz *in extremis* da legitimidade dos conflitos para ser parte desde o início dos próprios conflitos e, pois, sufocá-los ou considerá-los, todos, ilegítimos", lembra Wanderley Guilherme dos Santos no ensaio "A Práxis Liberal no Brasil: Propostas Para Reflexão e Pesquisa" (*Ordem Burguesa e Liberalismo Político*, p. 114).

criou condições para a ruptura do impasse, com todo o custo que isso representou em matéria de supressão de liberdades públicas e garantias fundamentais.

A paralisia decisória e a necessidade de uma arbitragem para destravá-la, com o objetivo de assegurar condições mínimas de governabilidade do país e um tratamento adequado de múltiplas e contraditórias demandas sociais, também é o objeto da análise de Sérgio Henrique Abranches. Ele parte de algumas premissas. Em primeiro lugar, as demandas de uma sociedade heterogênea, como a brasileira, tendem a crescer exponencialmente em decorrência do fim do período de repressão de conflitos de interesse. Em segundo lugar, um relacionamento tenso e conflitivo entre o Executivo e o Legislativo e a ausência de um consenso sólido sobre a nova ordem política podem gerar graves problemas para a normalidade democrática. Em terceiro lugar, um sistema partidário fraco e altamente fragmentado dificulta a formação de maiorias consistentes e estáveis, capazes de assegurar a governabilidade. E, em quarto lugar, a multiplicação de demandas exacerba a tendência histórica de intervencionismo do Estado. Ele se divide em inúmeros órgãos governamentais, que desenvolvem diversos programas, beneficiando clientelas distintas – e, muitas vezes, com reivindicações conflitantes. Proliferam-se, assim, os incentivos e subsídios, ao mesmo tempo que a rede de proteção e as regulações estatais se multiplicam. Esse movimento tende a limitar progressivamente a capacidade de ação governamental[22]. Ao impedir o reordenamento e a racionalização dos gastos públicos e a formulação de programas consistentes e coerentes, a inércia burocrática e orçamentária do governo – José Sarney era o presidente à época – está na

---

22. "Verifica-se, portanto, o enfraquecimento da capacidade do governo, seja para enfrentar crises de forma mais eficaz e permanentemente, seja para resolver os problemas mais agudos que emergem de nosso próprio padrão de desenvolvimento", diz S. Abranches (Presidencialismo de Coalisão [...], *Dados – Revista de Ciências Sociais*, v. 31, n. 1, p. 6.)

raiz do dilema institucional brasileiro. Ele se define pela "necessidade de se encontrar um ordenamento institucional eficiente para agregar e processar as pressões derivadas de um quadro social, político e partidário heterogêneo, adquirindo assim bases mais sólidas para sua legitimidade, que o capacite a intervir de forma mais eficaz na redução das disparidades e na integração da ordem social"[23].

A transição da ditadura para democracia e a convocação da Assembleia Constituinte, entre 1985 e 1986, ampliaram o número de cidadãos a reivindicar direitos e provocaram uma explosão de demandas reprimidas, que se somaram àquelas já então presentes na pauta decisória. Por um lado, isso produziu uma sobrecarga na agenda de um Estado com notórias limitações fiscais. Por outro, exacerbou conflitos entre o Executivo e o Legislativo, que se processaram sem limites claros, bem definidos e compartilhados[24]. Esse cenário foi agravado pela fragmentação de um sistema partidário incapaz de representar o perfil heterogêneo, plural, diferenciado e desigual da sociedade, o que dificulta a formação de maiorias estáveis e obriga os governos a recorrer a coalizões cada vez mais precárias e contraditórias[25]. Como Furtado, Abranches fala no impacto da desigualdade regional no cotidiano do Legislativo e nas pressões de gastos sobre o Executivo.

23. Ibidem, p. 7-8.
24. Para Abranches, a Assembleia Constituinte exacerba "os problemas oriundos dessa fluidez institucional, reavivando os conflitos entre Legislativo e Executivo, os quais se processam [...] na ausência de mecanismos institucionalizados e legítimos de mediação e arbitragem. Os riscos de crises institucionais cíclicas permanecem altos e praticamente inevitáveis" (Ibidem, p. 9).
25. Bolívar Lamounier chama o cenário desse período histórico de "paralisia hiperativa". Ele envolve "uma síndrome de governabilidade em declínio, causada por um sentimento generalizado de insegurança entre as elites do país a respeito de sua coesão e legitimidade e agravada por uma tendência equivocada a querer solucionar um problema sobrecarregando constantemente a agenda política". Cf. A Democracia Brasileira de 1986 à Década de 1990: A Síndrome da Paralisia Hiperativa, em João Paulo dos Reis Velloso (org.), *Governabilidade, Sistema Político e Violência Urbana*.

Também lembra que a combinação de critérios partidários e regionais na formação dessas coalizões afeta a qualidade operacional dos ministérios mais estratégicos. Ao mesmo tempo, torna os órgãos e ministérios menos estratégicos em jurisdições cativas de determinados partidos e estados, abrindo caminho para que as lideranças políticas criem conexões burocrático-clientelistas que elevam os "prêmios" associados a ministérios secundários[26]. Ministérios de "gastos ou clientelas", como os da Saúde, Educação e Agricultura, tendem a ser ocupados pelo critério regional, enquanto os ministérios de "direção", como os da Justiça, Indústria e Comércio e Relações Exteriores, tendem a ser ocupados pelo critério partidário.

O presidencialismo de coalizão, no qual os partidos da base se enfrentam em manobras calculadas para obter cargos e influência decisória, é assim um sistema de alto risco, "cuja sustentação se baseia no desempenho corrente do governo e na sua disposição de respeitar estritamente os pontos ideológicos ou programáticos considerados inegociáveis, os quais nem sempre são explícita e coerentemente fixados na fase de formação da coalização"[27]. E essa instabilidade tende a crescer ainda mais na transformação das alianças em coalizões efetivamente governantes para enfrentar situações decorrentes da deterioração do ambiente econômico, tais como descontrole monetário, desequilíbrio cambial, preços distorcidos, redefinição de prioridades para o gasto público, aumento da carga tributária, mudanças nas regras previdenciárias e arrocho salarial. Por exemplo, uma coalizão pode formar-se com base em amplo consenso político e ser liquidada pela divergência quanto a princípios e orientações de política econômica ou de política social[28].

26. Cf. S. Abranches, Presidencialismo de Coalisão [...], *Dados – Revista de Ciências Sociais*, v. 31, n. 1.
27. Ibidem, p. 27.
28. Para uma análise aprofundada desse cenário, e em perspectiva analítica distinta da de Abranches, ver F. Limongi e A. Figueiredo, op. cit., p. 81-106.

Quando isso acontece, o relacionamento do governo com as bases majoritárias de sustentação se enfraquece, o que aumenta a polarização, estimulando novos embates. Com isso, a superação negociada dos conflitos torna-se cada vez mais difícil, tensa e sujeita a riscos de contingência, uma vez que essa polarização amplia desmesuradamente as concessões que um presidente da República tem de fazer – inclusive ao que há de mais paroquial na representação parlamentar – para se manter no comando. De polarização em polarização, de embate em embate, a paralisia decisória se converte num círculo vicioso, na medida em que cada fracasso se alimenta do fracasso anterior. A situação tende a piorar se ele estiver rompido com seu próprio partido, uma vez que aí estará enfrentando não apenas a oposição da maioria parlamentar, mas, igualmente, a desconfiança de seus próprios aliados.

Nessa ordem de coisas, diz Abranches, um cenário possível é aquele em que o presidente da República – com a popularidade já bastante erodida – torna-se cativo de seu partido, delegando sua própria autoridade, perdendo a chamada "capacidade normativa de conjuntura"[29] e ampliando o potencial de conflito entre o Legislativo e o Executivo. O presidente se mantém, mas, alimentando com isso a inépcia do governo, o equilíbrio político se torna cada vez mais precário, o que agrava a ineficiência do sistema de freios e contrapesos e embute um alto risco para a estabilidade do próprio regime democrático. Outro cenário seria o da alternativa cesarista ou bonapartista, igualmente prejudicial à normalidade democrática. Nele, o presidente enfrenta o partido, confronta o Legislativo e tenta afirmar sua autoridade com base na força. "A submissão do Legislativo ou a submissão do presidente

---

29. Capacidade normativa de conjuntura é a edição de normas pelo Executivo, como resposta à exigência de produção imediata e flexível de dispositivos legais decorrentes das flutuações da conjuntura econômica. Nesse sentido, ver J.P.C.V. da Rocha, *A Capacidade Normativa de Conjuntura Econômica*.

representam, ambas, a subversão do regime democrático. Este é um risco sempre presente, pois a ruptura da aliança, no presidencialismo de coalização, desestabiliza a autoridade presidencial", afirma o autor[30]. Diante desses cenários, ele recorre à mesma ideia desenvolvida por Furtado – a necessidade de uma arbitragem. A diferença entre eles é que o primeiro chamou a atenção para o risco da arbitragem militar (da qual foi vítima, com a cassação de seus direitos políticos e o exílio no Chile e na França). Já o segundo fala de um "nível superior" de arbitragem – mais precisamente, de uma "arbitragem adicional" aos mecanismos institucionalizados de regulação de conflitos. Ela preservaria a autoridade presidencial, por um lado, e a autonomia legislativa, por outro, neutralizando com isso o risco de um "conflito indirimível" capaz de levar à ruptura do regime democrático.

Nos tempos imperiais, essa arbitragem foi exercida pelo Poder Moderador, um mecanismo autoritário instituído pelo imperador D. Pedro I na Constituição outorgada de 1824. A República Velha dependeu do equilíbrio da política de governadores, com base na qual o presidente representava a coalisão majoritária, sendo os períodos de instabilidade aqueles em que as principais oligarquias não se entendiam. E nos dias de hoje? Por exemplo, em que medida uma Corte Suprema não poderia, ao interpretar a Constituição quando provocada pelos demais poderes, oferecer balizas jurídicas para o encaminhamento de soluções? Não se trata de convertê-la na condição de árbitro no plano substantivo, mas de fazê-la agir de modo eficiente no plano procedimental, preservando a engenharia constitucional. Para Abranches, o dilema institucional brasileiro resolve-se com instrumentos que garantam o equilíbrio constitucional e reduzam a dependência das instituições ao destino da Presidência da República, evitando que ela se torne o

30. Ibidem, p. 31.

ponto de convergência de todas as tensões. Não é da *fortuna*, mas da *virtú* – mais precisamente da capacidade de se criar mecanismos e instituições – que pode advir a garantia da normalidade democrática, evitando que "a desordem e o autoritarismo constituam nosso fado e nossa tragédia". A seu ver, esse papel pode ser desempenhado pelo Supremo Tribunal Federal, desde que a instituição aja apenas no plano procedimental, com base na Constituição – e em hipótese alguma no plano substantivo, privilegiando questões de conjuntura em detrimento de questões relativas a regras e procedimentos constitucionais[31].

Entre os meses de outubro e dezembro de 2015, as instituições capazes de promover as duas arbitragens acima mencionadas se manifestaram. Por um lado, em raro pronunciamento público, o comandante do Exército, general Eduardo Dias da Costa Villas Bôas, afirmou que, quando os problemas sociais se agravam, eles geram violência e põem em risco a estabilidade do país. "E aí nós nos preocupamos, porque isso passa a nos dizer respeito diretamente"[32]. Por outro lado, agindo como *locus* privilegiado no qual grupos, partidos e setores do Executivo e do Legislativo têm a oportunidade de reverter

---

31. "Nada há de exótico, impertinente, inconstitucional ou antidemocrático na intervenção do Judiciário no limite de suas atribuições constitucionais, ou no recurso político ao mecanismo de *impeachment* diante da suposição de crime de responsabilidade pelo presidente da República. São procedimentos legítimos e legais de nossa ordem constitucional. O *impeachment* é um processo eminentemente político, previsto pela Constituição e pela lei. O que se deve discutir são as causas dos impasses políticos, que levam à judicialização e ao recurso extraordinário aos procedimentos de *impeachment*. Refiro-me a causas institucionais e estruturais, não às motivações conjunturais de personalidades políticas específicas", afirma Abranches, numa releitura de seu texto de 1988 à luz da crise brasileira de 2015. Cf. S. Abranches, Presidencialismo de Coalisão [...], *Dados – Revista de Ciências Sociais*, v. 31, n. 1. A íntegra da releitura de Abranches pode ser encontrada em seu *site* na internet, disponível em: <https://revistas.pucsp.br/ecopolitica>.

32. Entrevista, "Somos um País Que Está à Deriva", *Valor Econômico*, 17 fev. 2017.

derrotas nos demais *loci* em que se desdobra ou desenvolve o processo decisório, o Supremo Tribunal Federal não se limitou a enquadrar o presidente da Câmara dos Deputados, Eduardo Cunha (PMDB-RJ), impedindo-o de converter o rito de aceitação de processo de *impeachment* em instrumento de chantagem para tentar se livrar das graves acusações de corrupção que lhe foram dirigidas pela Procuradoria-Geral da República. Em julgamento polêmico, a corte foi muito além, determinando que, apesar de caber à Câmara a prerrogativa de autorizar a abertura do processo, quem teria a competência de decidir sobre a instauração do *impeachment* seria o Senado.

Com o aprofundamento da crise nos meses seguintes[33], o Supremo Tribunal Federal foi classificado como "poder acovardado" por um ex-presidente da República acusado de buscar cargo ministerial para obter foro privilegiado e fugir do rigor de um juiz federal de primeira instância, o que levou seus ministros e ex-ministros a fazer contundentes pronunciamentos em defesa da instituição. Entre outras críticas ao ex-presidente da República, eles afirmaram que o *impeachment* é um processo previsto pela Constituição e que, se as regras por ela estabelecidas forem respeitadas pelo Poder Legislativo, o afastamento de um chefe do Executivo não pode ser considerado um ato de arbítrio jurídico e de violência política. "O *impeachment* é um instrumento legítimo pelo qual se objetiva viabilizar a responsabilização política de qualquer presidente da República, não importa quem seja e a qual partido esta pessoa esteja filiada. É um instrumento posto à disposição da cidadania porque só o eleitor tem legitimidade para provocar a abertura do processo de *impeachment*", disse o decano da corte, o ministro José Celso de Mello Filho[34]. Dois dias antes, motivado pela radicalização dos protestos e pelas promessas de alguns líderes de movimentos

---

33. E que culminou com o afastamento da presidente Dilma Rousseff por determinação do Senado, em 13 de maio de 2016.
34. *O Globo*, 27 mar. 2016.

sociais de "incendiar o país" caso o *impeachment* fosse aprovado, o general Villas Bôas reafirmara que uma eventual intervenção do Exército ocorreria somente respaldada pela Constituição e pelas leis complementares do país. "O Exército é uma instituição de Estado e, nos momentos de crise, as instituições sólidas acabam se tornando referência para a sociedade como um todo. A ela miram e dela aguardam atitudes que sinalizam como sair da crise. Toda e qualquer atitude nossa será sempre condicionada ao acionamento de um dos poderes da República", concluiu ele[35].

Diante das acirradas discussões causadas pelo alcance das falas do comandante do Exército e das decisões do Supremo, bem como da instabilidade política causada pelos pedidos de prisão – enviado à corte pela Procuradoria-Geral da República – do presidente do Senado e do presidente do PMDB, o maior partido político do país, é possível então perguntar qual das duas arbitragens poderá prevalecer nos dias de hoje: a militar, que tem implícitas as ideias de segurança e consecução no curto prazo das condições de estabilização monetária e fiscal, ou a arbitragem judicial, em que – por princípio – estão implícitas as ideias de Constituição como garantidora da *polity* e da *politics* e de restabelecimento a médio e longo prazos das condições de governabilidade? E, dependendo da resposta, também é possível perguntar se o modelo de presidencialismo de coalisão – que teria funcionado bem nas décadas de 1980 e 1990 para viabilizar a transição política e assegurar a governabilidade, sustentando a capacidade institucional do Executivo – não teria se exaurido.

Depois de duas décadas e meia de normalidade constitucional, o modelo prevalecente na vida brasileira, apesar de todos os percalços, escândalos e denúncias de corrupção, é a organização com base num padrão de legitimidade legal-racional. Todavia, como no choque entre

35. Ibidem.

as panelas de ferro e a de barro é a mais fraca que costuma quebrar, o que garante que, num quadro de descontrole monetário, aumento da dívida pública, perda de grau de investimento, queda na produção industrial, desemprego generalizado e crise social, a Constituição não seja mais um pedaço de papel? Vítima da arbitragem militar, Celso Furtado escreveu um ensaio realista demais para que a arbitragem judicial por vias constitucionais pudesse significar alguma coisa. Contudo, sua análise foi *post factum*, o que explica sua amargura pessoal e, por consequência, o acentuado pessimismo do texto. Por seu lado, Sérgio Abranches escreveu seu artigo em meio às indefinições da Assembleia Constituinte e à eclosão de dilemas econômicos e políticos oriundos do próprio processo de redemocratização – portanto, antes da campanha presidencial de 1989, do *impeachment* do então presidente eleito (Fernando Collor de Melo) e da crise de governabilidade que levou o vice-presidente empossado (Itamar Franco) a subordinar-se a um ministro da Fazenda (Fernando Henrique Cardoso) que lhe foi imposto com poderes de primeiro-ministro. O texto de Abranches não é nem pessimista nem otimista. É analítico.

Essa característica também está presente na já mencionada releitura que fez desse trabalho, quando, depois de chamar a atenção para "as disfuncionalidades agravadas pelo aumento espantoso da corrupção", afirmou que o presidencialismo de coalisão tem de ser refundado fora do calor da crise, para que adquira novas capacidades institucionais voltadas à criação de mecanismos mais ágeis e menos traumáticos que o processo de *impeachment*[36]. A mesma característica está igualmente presente, ainda, em

---

36. Mas, nesse caso, adverte Abranches, seria necessário primeiramente rever e fortalecer o processo eleitoral, com o objetivo de aumentar sua representatividade e gerar representações parlamentares mais responsáveis do que as atuais. Cf. S. Abranches, Abranches, Presidencialismo de Coalisão [...], *Dados – Revista de Ciências Sociais*, v. 31, n. 1.

outro texto publicado pelo autor em decorrência do agravamento da crise, no qual afirma que, quando um presidente é fraco e não tem as aptidões necessárias ao exercício da chamada alta política, ele se torna refém de quem tem essas competências.

O descasamento entre a maioria que elege o presidente e a maioria parlamentar que sai das urnas exige que o eleito negocie uma coalizão para poder governar [...]. A legislação partidária, a diversidade federativa, a forma de campanha e o método de converter votos em cadeiras promovem forte fragmentação partidária. O modo de formar coalizões em um contexto de fragmentação partidária e déficit programático é o clientelismo, o toma-lá-dá-cá, a troca de favores entre partidos e eleitores e entre presidentes e partidos. E clientelismo custa caro, exige capacidade fiscal para pagar todas as demandas e discricionariedade no gasto.[37]

Em suma, diante do que aqui foi exposto, o que é necessário fazer para evitar o primeiro tipo de arbitragem – a militar – num período de deterioração das relações morais, sociais e políticas, da crescente perda de prestígio da democracia representativa, do esvaziamento de seu significado e da conversão do político em algo cada vez mais irrelevante? No caso do segundo tipo de arbitragem, a judicial, o que é preciso fazer para que o Supremo Tribunal Federal não se deixe seduzir nem pela ênfase excessiva aos princípios em detrimento das regras constitucionais, nem pela colocação de questões de conjuntura política à frente de questões relativas a regras constitucionais, rompendo com isso o equilíbrio sistêmico entre as duas casas do Legislativo e, por tabela, ampliando os impasses entre esse Poder e o Executivo e agravando os riscos de novas crises institucionais? Num momento de clara fragilidade institucional, e em que muitos parecem estar voltados para resgatar os sentidos históricos

---

37. Cf. S. Abranches, O Centro do Dilema Brasileiro Não é o Presidencialismo; É a Coalizão, G1, 13 mar. 2016, disponível em: <http://g1.globo.com/>.

da democracia, como reoxigenar a vida republicana em cenários alternativos aos de uma representação pouco eficiente do modelo de presidencialismo de coalisão em vigor?

À luz dos acontecimentos atuais, configurando um cenário de complexidade e desorientação que exige escolhas difíceis e sujeitas a contingências e bifurcações, as releituras de Celso Furtado e Sérgio Abranches são instrutivas. O que se pode extrair de seus textos, no momento político e institucional em que nos encontramos, é que não basta equilibrar as finanças do Estado mediante corte de gastos, aumento de impostos e outras medidas de natureza fiscal. Ainda que isso seja condição necessária ao resgate da governabilidade e a subsequente retomada de uma agenda realista de reformas macro e microeconômicas, não é condição suficiente para a superação da crise que o país enfrenta. Acima de tudo, é preciso refletir sobre a recuperação ou regeneração do poder público e, por tabela, sobre a recuperação das noções de coordenação e planejamento há muito tempo perdidas. Se as instituições de direito fazem alguma diferença para as decisões de investimento e para a retomada do crescimento, não há que se duvidar de qual é a arbitragem legítima para destravar a paralisia decisória que nos atinge.

6. ENTREVISTA: "HÁ UMA MUDANÇA NO CONCEITO DE PROVA, DE PROCESSO E DE DELITO"[38]

O ex-presidente Lula foi condenado sem provas pelo TRF-4. O Supremo Tribunal Federal protege a classe política. Os procuradores da Lava Jato criaram seu próprio direito. Essas são afirmações muito comuns, ouvidas nos mais diversos espectros da política partidária e da vida nacional. Elas mostram como as tensões da política e da justiça estão entrelaçadas no Brasil atual, apresentando aos que querem entender o país questões muito complexas. Em entrevista ao *Estado da Arte*, o professor José Eduardo Faria tentou esclarecer as atuais tensões jurídicas e políticas do país analisando os novos paradigmas globais do direito penal econômico, sua assimilação na vida jurídica brasileira e também o modo como processos

---

38. Blogue *Estado da Arte*, 6 fev. 2018.

emblemáticos como o Mensalão e a Lava Jato impõem novos entendimentos e procedimentos nas relações entre as instituições políticas e as instituições da justiça.

Igualmente bem-sucedido em suas carreiras como jornalista e como jurista, Faria iniciou sua vida profissional no *Jornal da Tarde* em 1967, tendo trabalhado também no *Estado de S. Paulo*, onde atualmente é editorialista. Na mesma época, ingressou na Faculdade de Direito do Largo São Francisco, onde seguiu carreira acadêmica, tornando-se, em 1998, professor titular do Departamento de Filosofia e Teoria Geral do Direito. Professor visitante na Escola de Direito da Fundação Getúlio Vargas desde 2004, se dedica particularmente à pesquisa de temas como a relação entre direito e economia; ensino jurídico no Brasil; poder, legitimidade, discurso político e crise de governabilidade, e é autor de vários livros, dentre eles *O Direito na Economia Globalizada* (1997) e *Eficácia Jurídica e Violência Simbólica: O Direito Como Instrumento de Transformação Social* (1984). Para Faria, a atualização do direito econômico penal brasileiro, especialmente no que diz respeito à lavagem de dinheiro, à corrupção e ao crime organizado, tem contribuído para "uma mudança no conceito de prova, uma mudança no conceito de processo e uma mudança no conceito do próprio delito". Confira abaixo a íntegra da entrevista.

O senhor tem afirmado que há uma tensão entre visões distintas do direito em jogo nos processos de combate à corrupção no Brasil atualmente. Que tensão é essa?

Eu acredito que há aqui uma questão importante para verificarmos a mudança das gerações principalmente no campo do direito penal e no campo do direito econômico, mudança decorrente de uma atuação cada vez mais sofisticada do crime organizado e das organizações terroristas na Europa. Os países europeus que vinham estudando nos anos 1980 a possibilidade de formar uma União Europeia, saindo da mera zona econômica e constituindo uma comunidade integrada, perceberam que seria necessário dar um passo semelhante na área do direito penal, o qual deveria ser globalizado. Esse processo foi pensado a partir da premissa de que, em vez de reprimir o crime organizado nas suas consequências, seria melhor asfixiá-lo financeiramente – o mesmo valeu para o terrorismo.

Com esse propósito, em 1989 foi constituído em Paris um grupo chamado GAFI (Grupo de Ação Financeira) – Financial Action Task Force, em inglês – para operar na Organização Para a Cooperação e o Desenvolvimento Econômico (OCDE) e que formará uma minuta de uma legislação penal econômica para todos os países-membros da OCDE. A ideia seria trabalhar com o princípio da globalização econômica, o que exigiria, com o tempo, também a globalização de partes do direito – não de todo ele, evidentemente.

E como isso repercutiu no Brasil?

A minuta foi adotada pelos países membros da OCDE e, a partir daí, alguns países que não pertencem à OCDE, como é o caso do Brasil, foram convidados a adotar essa legislação em troca de uma série de vantagens, como acesso a mercados, novas tecnologias, linhas de financiamento com juros favorecidos...

Quando se deu a entrada do Brasil?

Essas negociações se deram entre 1998 e 2000, e o país passou a ser membro do GAFI em 2000. Nesse momento, o Brasil começou a trocar sua arquitetura jurídica no que diz respeito ao direito econômico penal. Foi a partir dessa mudança que se tornou possível identificar nas novas gerações de graduandos e pós-graduandos de nossas faculdades de direito – e com o tempo, esses novos quadros constituem juízes, promotores e advogados – a consciência de que quem quisesse se especializar nessa área teria de estudar fora. E isso por uma razão muito simples: não houve uma renovação do pensamento penal brasileiro nas universidades, que ficaram encasteladas e presas a doutrinas superadas, com um viés que nós podemos chamar de romano-germânico – bastante litúrgico, cheio de entraves burocráticos, cheio de sistemas de prazos e recursos que permitiam aos advogados discutir não grandes questões factuais, mas sim teses, pleitear vícios, aguardar que tais pleitos fossem julgados lentamente e, assim, obter a prescrição dos crimes dos seus clientes.

E o que mudou com as gerações mais recentes que buscaram no exterior essa formação na área?
Esses alunos vão estudar fundamentalmente em universidades americanas e inglesas (e italianas, em menor escala). O resultado dessa formação foi uma renovação da mentalidade na justiça brasileira, especialmente na primeira instância da Justiça Federal e no Ministério Público de um modo geral. Foi essa renovação que, a meu ver, ocasionou os conflitos geracionais, em particular nessa esfera do direito penal a que eu venho me referindo.

A partir de que momento podemos enxergar esse conflito? Com a Lava Jato?
Antes, com o julgamento do Mensalão. Nesse julgamento, as personagens envolvidas contrataram os grandes criminalistas brasileiros, inclusive com a articulação do falecido ex-ministro da Justiça Márcio Thomaz Bastos. Esse pessoal sofreu uma derrota, especialmente nos votos do relator, Joaquim Barbosa, que já tinha uma visão mais americana, mais voltada a esse direito penal que vai direto ao foco, que trabalha com a identificação de atos que fogem a determinados padrões. Em geral, essa nova visão do direito penal é, de fato, sustentada por pessoas e equipes que entendem de contabilidade, que usam bem a tecnologia, que têm formação interdisciplinar, que sabem identificar procedimentos de ocultação de propriedades e de patrimônio. É uma turma capaz de descobrir os rastros deixados por documentos em vastas cadeias utilizadas para ocultar patrimônio ou dinheiro sujo.

Isso parece ter se traduzido também no trabalho integrado e internacional de organismos como polícias, procuradores e órgãos supranacionais.

Sim, de certo modo esse processo gerou, por exemplo, a ENCCLA (Estratégia Nacional Para o Combate à Corrupção e à Lavagem de Dinheiro), criada em 2003. Mas o que quero mostrar é que o que está acontecendo hoje é consequência de algo que começou a ser percebido já a partir do processo do Mensalão e cujas origens remontam à década de 1980. É essa a história do conflito geracional e das visões do direito que nós estamos vendo hoje, e são poucas as faculdades de direito hoje com professores preocupados em mostrar aos alunos esse confronto entre duas arquiteturas jurídicas – uma romano-germânica, tradicional; outra de corte anglo-saxã, atrelada aos mecanismos de controle de uma economia globalizada.

É esse conflito de visões do direito que sustenta a argumentação daqueles que dizem, no caso da recente condenação do ex-presidente Lula por corrupção e lavagem de dinheiro, que "não há provas"?

Quando alguém diz que não há provas, quer isto dizer que não haveria provas do ponto de vista de uma leitura romano-germânica do direito penal econômico. O que se procurou mostrar, tanto no caso do juiz Sérgio Moro quanto no caso dos desembargadores da 8ª turma do TRF-4, é que, independentemente da inexistência de um título de propriedade ou do chamado "ato de ofício", o que se tem é o desmonte de uma cadeia de documentos que identificam o crime e que justificam a condenação. Ou seja, é uma mudança no conceito de prova, uma mudança no conceito de processo e uma mudança no conceito do próprio delito. No Brasil, isso é novo. Mas não, frise-se, a arquitetura jurídica que essa novidade expressa: a mudança no paradigma do direito penal econômico já tem aproximadamente trinta anos. O que é novo, repito, é a ascensão desse modelo no Brasil.

Que existam essas visões divergentes e esse conflito de gerações que o senhor identifica não é algo que possa justificar a alegação daqueles que se sentem prejudicados em seu direito de defesa? O próprio ex-presidente Lula alegou cerceamento desse direito por variadas razões...

Acredito que não. Eu sou um sociólogo do direito, estou acompanhando tudo isso a partir da dinâmica desse processo e não vejo razões para isso. Há um dado nessa pergunta que merece ser visto com mais atenção em relação à defesa. Tome-se o caso da Lava Jato. Muitos dos advogados de empreiteiras envolvidas no processo foram meus alunos, alguns foram meus orientandos, ex-alunos que mantiveram contato comigo – como seu ex-professor, seu ex-orientador de mestrado ou doutorado. Por outro lado, a minha geração é a dos velhos advogados. Uma coisa que tenho percebido é que houve por parte das grandes empresas, em um primeiro momento, a preferência pelos advogados da velha tradição. Posteriormente, quando essas empresas se deram conta de que a estratégia de defesa era ruim – pois girava em torno do garantismo –, perceberam que, pela nova legislação e pelo novo entendimento do direito penal (com destaque para a delação premiada e para os acordos de leniência), o custo financeiro das condenações seria muito alto. Muitas das grandes empreiteiras envolvidas na Lava Jato trocaram seus advogados. Há um momento em que vários advogados na faixa de 40, 45 anos de idade passam a atuar nos acordos de delação premiada das empreiteiras. Na avaliação delas, o impacto financeiro foi menor quando assumiram as culpas e assinaram os acordos de delação premiada do que se tivessem insistido na estratégia do garantismo, com altos gastos de defesa aos quais se somariam prováveis pesadas condenações.

A delação premiada e os acordos de leniência são parte dessa renovação da compreensão do direito penal brasileiro?

Também, e do ponto de vista do direito penal econômico, são desdobramentos de casos como os [do escândalo financeiro] da Enrom, que levou a um aperto no combate a crimes do sistema financeiro e, posteriormente, do que ocorreu com os bancos na crise de 2007 e 2008. Pela legislação americana, uma empresa daquele país cujas franquias ou subsidiárias em qualquer parte do mundo se envolvam em casos ilegais pode ter a matriz condenada nos Estados Unidos. Assim, empresas com matriz nos Estados Unidos, ou que queriam operar por lá, passaram a se orientar pela legislação americana e a adotar normas de *compliance* nesse sentido.

O estatuto da delação premiada, sobre o qual muito se tem debatido no Brasil, sofreu um grande baque com o episódio envolvendo os irmãos Batista e o caso malsucedido de delação protagonizado, entre outros, pelo ex-Procurador-Geral da República, Rodrigo Janot. Qual foi o tamanho do estrago sofrido até agora?

Há aí um problema de erro e acerto. A vida do direito não é lógica, é experiência. E não sou eu que digo isso: essa é a tradição do realismo americano, liderado, entre outros, por [Oliver] Wendell Holmes. Você pode ter uma legislação muito boa nas mãos de quem não sabe aplicar; ou uma legislação nova nas mãos de quem ainda não tem a habilidade necessária para lidar com ela. Mas isso não invalida a legislação. Claro, abre espaço para que ela seja atacada, como tem sido, o que pode levar, no futuro, à sua revogação ou à aprovação de uma legislação que tipifique o chamado "crime de interpretação" do juiz. Isso pode tirar do Ministério Público a base que ele tem para agir no combate à corrupção.

Nesse caso, não se trata mais de uma tensão entre duas "arquiteturas jurídicas", como o senhor denominou, mas sim de um conflito pesado da política propriamente, não?

Aí é a política, é o jogo corporativo. Há uma evidente união dos partidos quanto a isso. Isso se mostrou claramente nas recentes declarações da ministra Carmem

Lúcia, na abertura do ano do Supremo Tribunal Federal, em discurso no qual defende a justiça de ataques, que podem ser tanto aqueles deferidos por pessoas vinculadas ao ex-presidente Lula na semana de sua condenação pelo TRF-4, como os de alguém como Carlos Marun (PMDB-MS), ministro do governo Temer, criando, por inabilidade, mais uma crise para o governo. Há um ponto de convergência de todas as forças políticas envolvidas nos escândalos de corrupção no ataque ao seu inimigo comum, o que leva o Judiciário a tentar se manter coeso, sobretudo quando, mais recentemente, passou a ser atacado em virtude da remuneração acima do teto. Isso é o que a sociologia americana chama de "guerras palacianas", as guerras de corporações.

É perceptível que, quando os processos saem dos Tribunais Regionais Federais e chegam ao Superior Tribunal de Justiça ou ao Supremo Tribunal Federal, a vulnerabilidade a uma pressão política é extremamente grande.

Já que falamos em delação premiada, o mesmo parece ter ocorrido com a chamada condução coercitiva, considerada por muitos um abuso, mas comum no direito de países como Estados Unidos, Inglaterra, França...

De novo, erro e acerto, erro e acerto. E bom senso. Assim como houve a condução coercitiva do ex-presidente Lula, frequentemente apontada como um abuso, nós já tivemos também a prisão de um ex-prefeito de São Paulo constrangido de pijamas [Celso Pitta, durante a operação Satiagraha] ou, agora mesmo, a transferência do ex-governador do Rio de Janeiro, Sérgio Cabral, com algemas nas mãos e nos pés. Aí é falta de bom senso – e, claro, um pouco da lógica das guerras palacianas de que eu falava. Veja o caso do novo diretor da Polícia Federal, Fernando Segóvia e suas declarações, como foi o caso recentemente do programa da Miriam Leitão na GloboNews. Segóvia foi indicado pelo presidente Michel Temer, e a justificativa apresentada para a saída de

Leandro Daiello foi a de que ele estava cansado, já havia postergado sua aposentadoria e vinha sofrendo pressões da família para encerrar suas atividades. De bastidores, sabe-se que havia fortes movimentos para removê-lo da direção da Polícia Federal porque ele não cedia a pressões políticas, e Segóvia era um delegado com carreira no Maranhão e indicado pelo ex-presidente José Sarney. Agora considere o seguinte: sempre houve um tipo de rivalidade corporativa entre a Polícia Federal e o Ministério Público Federal em matéria de prestígio, de controle dos inquéritos. Do ponto de vista da Força Tarefa da Lava Jato em Curitiba, houve um trabalho muito sincronizado e sem essa rivalidade, o que tornou possível o avanço e a celeridade dos processos na primeira instância no Paraná. Com a entrada de Segóvia, isso muda: com suas declarações provocativas sobre a mala de dinheiro, ele vive endereçando farpas à Procuradoria e ao MP. Qual é a lógica disso? Claramente é estimular tensões corporativas que abram brechas para os advogados de defesa atuarem pela impugnação das ações do Ministério Público ou da própria Polícia Federal. Olhando do ponto de vista da sociologia do direito, acompanhando essa dinâmica, o comportamento dele é tal que abre o leque de possibilidades de argumentos de defesa para os réus da Lava Jato. E a ser correta essa análise, esse é o tipo de comportamento que precisa ser visto com mais cuidado e cautela pela sociedade.

A sociedade brasileira tem razão em esperar que surja desse conflito de visões do direito uma nova visão de país, menos disposta aos arranjos que garantem a impunidade a políticos e poderosos em geral?

Essa é uma questão muito ampla e complexa. Vou tentar responder de forma precisa. Tradicionalmente – e essa discussão vem dos anos 1980 –, há uma interpretação do direito que favorece uma certa confusão, sugerindo que a dignidade da justiça estaria nos seus ritos, no seu formalismo, na sua linguagem pomposa, nos argumentos prolixos. Isso sempre fomentou correntes críticas do direito engajadas na tarefa de desnudar esses mecanismos. Se nós olharmos para a forma como os desembargadores da 8ª Turma do TRF-4 embasaram seus votos – não estou entrando no conteúdo, aqui, mas na forma –, percebe-se que eles procuraram jogar a discussão no chão, com uma linguagem clara e um propósito absolutamente pedagógico. Quebraram, com isso, aquela ideia do "juridiquês" como o latim das missas.

Quer dizer, em um contexto em que se tem TV Senado, sociólogos e filósofos do direito analisando esses temas abertamente, novos operadores do direito fugindo do formalismo, tudo isso somado a condenações expressivas como as de grandes empreiteiras, as de dois ex-presidentes da Câmara dos Deputados, a do ex-presidente Lula, forma-se na sociedade, pouco a pouco, um sentimento de igualdade perante a lei.

É um sentimento difuso, ainda sem grande penetração nas camadas populares, mas é um processo novo e importante.

Já no Supremo Tribunal Federal...

É perceptível que quando os processos saem dos Tribunais Regionais Federais e chegam ao Superior Tribunal de Justiça ou ao Supremo Tribunal Federal, a vulnerabilidade a uma pressão política é extremamente grande. Como sociólogo e filósofo do direito, eu não advogo, então estive poucas vezes nos tribunais superiores, e sempre como professor. Certa vez, no STJ, um ministro me disse: "Isso aqui é muito bonito, custou caro, foi feito pelo Niemeyer, mas não se esqueça, tem dono: um quarto dos juízes aqui tem dono, e ele se chama Antônio Carlos Magalhães; um quarto dos juízes aqui tem dono, e ele se chama Marco Maciel; um quarto dos juízes aqui tem dono, e ele se chama José Sarney; e o outro quarto é um 'x-tudo'." Quer dizer, ele chamava a atenção justamente para essas injunções políticas. E essas injunções políticas podem ser ainda mais extremas no caso do Supremo. Basta ter em mente que, quando chegarem os recursos do ex-presidente Lula no Supremo daqui a alguns meses, o presidente da Casa será o ex-advogado do Partido dos Trabalhadores...

Quais seriam os antídotos para esse problema?
Eu já vi muita discussão sobre os critérios de indicação dos ministros do Supremo Tribunal Federal. Confesso que temo profundamente que haja uma mudança no sentido de permitir algum tipo de interferência da OAB e do Ministério Público nas indicações para ministros do Supremo.

Por quê?
Porque pode ocorrer o que se deu com o CNJ [Conselho Nacional de Justiça]. Quando o CNJ começou a ter um representante do Senado, um representante da Câmara, um representante da sociedade civil e um representante da OAB, o resultado foi a imediata partidarização. Quando o ex-presidente Lula entrou com um pedido de *habeas corpus* no STJ, o relator foi o vice-presidente da corte, Humberto Martins, cujo filho era correspondente do escritório de defesa do ex-presidente Lula em Brasília. Quando nós olhamos a trajetória do Humberto Martins, vemos que é um advogado de Alagoas que foi, pelo Quinto Constitucional, membro do Tribunal de Justiça e, como membro dos tribunais, acabou indicado pelo Senado para a vaga no Supremo. Percebe-se desde a origem que sempre teve o apadrinhamento de uma figura política, no caso, pelo que li a respeito, do senador Renan Calheiros (PMDB-AL).

No caso específico do Supremo, eu acredito que o critério atual é adequado. O que precisamos evitar é o abastardamento. Quer dizer, interferências de órgãos como a OAB, o Ministério Público, juízes federais, estaduais, trabalhistas etc., cujo resultado será a extrema partidarização e um engessamento corporativo. E eu acredito que o Supremo deve ter uma visão de mundo mais aberta, mais cosmopolita, menos corporativa.

Eu tenho acompanhado uma produção acadêmica excelente de pesquisas que têm mostrado a mudança de perfil do Supremo ao longo do tempo, e uma das coisas interessantes que tem me chamado a atenção é o comportamento de alguns ministros que, indicados no tempo da ditadura militar (1964-1985), demonstraram tremenda independência e profunda coragem cívica, por exemplo, concedendo *habeas corpus*, contrariando os presidentes do regime que os indicaram. Não se encontra necessariamente essa coragem cívica nos períodos da democracia.

E isso é um reflexo dessa partidarização?

Não apenas. Há um razoável consenso entre nós, do meio jurídico, que a atual configuração do Supremo é fraca. São magistrados sem formação doutrinária, ou sem pós-graduação, ou com cursos mais fracos e, acima de tudo, são magistrados que não estão à altura do cargo. Tanto mais se comparados a alguns ministros do Supremo do passado que tiveram grande dignidade no cargo. Vamos dar dois nomes? Adauto Lúcio Cardoso e Aliomar Baleeiro, este último presidente do STF (1971-1973). Ambos tinham sólida formação jurídica, professores de direito, eram conservadores da antiga União Democrática Nacional (UDN). Adauto Lúcio Cardoso, por exemplo, já tinha votado em favor de *habeas corpus* para o líder estudantil Vladimir Palmeira e para o ex-chefe do Gabinete Civil de João Goulart, Darcy Ribeiro, em 1971. Foi o único voto pela inconstitucionalidade do decreto de Médici que instituía a censura prévia. Depois disso, como se diz, rasgou a toga e foi embora. Aliomar Baleeiro foi, igualmente, um crítico muito desperto do regime. Voltando à questão do mecanismo de indicações do STF, o mecanismo propriamente não é ruim – agora, não se pode aviltá-lo, colocando os interesses partidários acima da justiça.

Isso não seria algo que tem menos relação com a normatização dos mecanismos de nomeação do que com a qualidade de nossa vida pública? Por exemplo, nos Estados Unidos é natural que um presidente democrata ou republicano indique para a Suprema Corte alguém alinhado com a visão de mundo que seu partido e seu governo representam, mas jamais um advogado do partido, que jamais conseguiu ingressar na carreira pública...

Sim, advogado do partido, que foi reprovado duas vezes em concursos para a magistratura – você se refere ao ministro Dias Toffolli. Ou, no caso do atual governo de Michel Temer, a indicação de Alexandre de Moraes, que tem no currículo uma reprovação para seu ingresso como professor da Faculdade de Direito da USP – no caso, uma reprovação minha.

Mas para ficar em sua comparação americana, quando comecei a dar aulas de direito, ainda nos anos 1970, eu mostrava aos alunos como era possível compreender como votariam os juízes da Suprema Corte com base em seus escritos, em suas sabatinas, isto é, com base na coerência doutrinal de suas posições. No Brasil, os votos dos juízes do Supremo não chegam a formar essa coerência, pois não apenas os ministros muitas vezes votam de maneira contraditória com seu próprio histórico de entendimento de uma mesma matéria, como, para agravar ainda mais a situação, mesmo quando formam maioria, suas justificativas são frequentemente diferentes – quando não divergentes – entre si, o que impede a formulação de um entendimento claro sobre aquela matéria. Não se formam maiorias orgânicas: vence o "sim" ou "não" por mera contagem de votos. Veja o caso do ministro Gilmar Mendes, que após voto favorável à prisão após condenação em instância colegiada, deu a entender que poderia mudar o seu voto e, mais recentemente, afirmou que não era exatamente isso. Ora, isso gera insegurança jurídica, enfraquecendo a posição do Supremo.

Para encerrar. O senhor falou muito sobre as tensões entre essa nova geração do direito, formada ou influenciada pela tradição jurídica anglo-saxã e mais globalizada do ponto de vista do direito penal econômico, e a velha tradição romano-germânica. Se um julgamento como este do ex-presidente Lula se desse em um ambiente constitucional como o americano ou o inglês, em vez de um terreno em disputa, quais seriam as diferenças?

Em primeiro lugar, a defesa jamais poderia ter se comportado do jeito que se comportou. Em segundo lugar, ela teria se voltado fundamentalmente para o foco do problema, e não às questões periféricas de natureza meramente processual, como insistiram em fazer. Terceiro: quando se trata de direito penal econômico, a interação do legislador e do executivo com o funcionamento da economia é um dado claro. No Brasil, ainda há certa dificuldade para se entender essas questões, mas como procurei mostrar, isso está mudando.

FONTES[1]

Parte 1:

1. A Crise e o Debate Sobre a Moralidade Pública (24 jun. 2016)
2. O Protagonismo do STF e as Fronteiras do "Aceitável" (16 ago. 2016)
3. A Democracia, o Direito e o Futuro da Lava Jato (26 jan. 2017)
4. Interpretação Judicial e Abuso de Autoridade (9 fev. 2017)
5. O Pessimismo Como Dever Civil (21 fev. 2017)
6. O Supremo e o Ativismo Judicial (11 mar. 2017)
7. Juízos Políticos e Garantias Jurídicas (28 mar. 2017)
8. Os Fundamentos das Decisões do STF (15 abr. 2017)
9. O Controle da Constitucionalidade (7 ago. 2018)
10. Interpretação Legal e Dissenso Judicial (29 jul. 2017)
11. A Delação Premiada e seu Ponto de Equilíbrio (30 ago. 2017)
12. Corrupção Sistêmica e Direito Penal (9 set. 2017)
13. Processo Legislativo Como Balcão de Negócios (7 nov. 2017)
14. Limpar o Nariz, Casar e Votar (12 out. 2017)
15. Literalidade da Lei e Abuso de Autoridade (15 dez. 2017)
16. A Adjudicação em Tempo de Incertezas (24 jan. 2018)

---

1. Artigos publicados em *O Estado de S. Paulo* quando não informado diferentemente.

17. Retórica Jurídica e Liturgia Judicial (20 mar. 2018)
18. Regras, Princípios e Decisões Judiciais (5 maio 2018)
19. Os Políticos e os Juízes: Entre o Destino e a Tragédia (25 jun. 2018)
20. A Tradição Como Argumento de Defesa (27 jun. 2017)
21. Cláusula Pétrea e Prisão Após Segunda Instância (23 maio 2018)
22. Garantistas *vs.* Consequencialistas: Um Debate Político ou Jurídico? (*site Jota*, 9 set. 2018)
23. A Banalização do *Habeas Corpus* (12 set. 2018)
24. Política Judicializada (28 set. 2018)

Parte II:

1. Reformar a Constituição: Da Discussão Necessária ao Irrealismo Político (Blogue *Estado da Arte*, 13 maio 2018)
2. Os Trinta Anos da Constituição de 1988: Comemoração ou Reflexão? (Blogue *Estado da Arte*, 16 ago. 2018)
3. Tempo e Espaço na Constituição de 1988 (inédito)
4. Semipresidencialismo, uma Ideia Fora de Lugar (*site Jota*, 15 abr. 2018)
5. Alternativas de Arbitragem Para a Paralisia Decisória (inédito)
6. Entrevista: "Há uma Mudança no Conceito de Prova, de Processo e de Delito" (Blogue *Estado da Arte*, 6 fev. 2018)

BIBLIOGRAFIA

ABRANCHES, Sérgio. *A Era do Imprevisto: A Grande Transição do Século XXI*. São Paulo: Companhia das Letras, 2017.

____. O Centro do Dilema Brasileiro não é o Presidencialismo; É a Coalisão. *G1*, 13 mar. 2016. Disponível em: <http://g1.globo.com/>. Acesso em: 14 jan. 2019.

____. Presidencialismo de Coalisão: O Dilema Institucional Brasileiro, *Dados – Revista de Ciências Sociais*, Rio de Janeiro, v. 31, n. 1, 1988.

ARIDA, Pérsio; BACHA, Edmar; REZENDE, André Lara. *Credit, Interest and Jurisdictional Uncertainty: Conjectures on the Case of Brazil*. Rio de Janeiro: Instituto de Estudos de Políticas Econômicas, Casa das Garças. Disponível em: <http://iepecdg.com.br/>. Acesso em: 14 jan. 2019.

ASSEMBLEIA LEGISLATIVA do Estado de São Paulo. Sobre o Processo Legislativo. Disponível em: <https://www.al.sp.gov.br/processo-legislativo/sobre/>. Acesso em: 5 mar. 2019.

BOBBIO, Norberto. *As Ideologias e o Poder em Crise*. Brasília: Editora UnB, 1999.

CASTELLS, Manuel. *Ruptura: A Crise da Democracia*. Rio de Janeiro: Zahar, 2018.

COMPARATO, Fábio Konder. A Loucura Moral na Política. *Folha de S.Paulo*, São Paulo, 25 jun. 1995.

DWORKIN, Ronald. Visão de Integridade. *O Estado de S. Paulo*, São Paulo, 29 mar. 1997.

FAORO, Raymundo. Faoro em Nome da Lei. *Jornal da Tarde*, São Paulo, 6 maio 1978.

FARIA, José Eduardo. Entre a Rigidez e a Mudança: A Constituição no Tempo. *Revista Brasileira de Direito Constitucional*, n. 2, jul.-dez., 2003. Disponível em: <http://www.esdc.com.br/>. Acesso em: 14 jan. 2019.

FOUCAULT, Michel. *Microfísica do Poder*. Rio de Janeiro: Graal: 1979.

FURTADO, C. Obstáculos Políticos ao Crescimento Econômico do Brasil. *Revista Civilização Brasileira*, v. 1, n. 1, 1965.

GALANTER, Marc. Why the "Haves" Come out Ahead: Speculations on the Limits of Legal Change. *Law & Society Review*, v. 9, n. 1.

HALL, Peter A.; TAYLOR, Rosemary C.R. As Três Versões do Neo-Institucionalismo, São Paulo, *Lua Nova – Revista de Cultura e Política*, n. 58, 2003. Disponível em: <http://www.scielo.br/>. Acesso em: 8 jan. 2019.

HOBBES, Thomas. Leviatã. *Hobbes (Os Pensadores)*. São Paulo: Nova Cultural, 1997.

HOLMES JR., Oliver Wrendell. *The Essential Holmes: Selections from the Letters, Speeches, Judicial Opinions, and Other Writings of Oliver Wendell Holmes, Jr.* Chicago: University of Chicago Press, 1992.

____. *The Common Law*, New York: Dover: 1991

INNERARITY, Daniel. *La Política en Tiempos de Indignación*. Disponível em: <https://epo0.epimg.net/>. Acesso em: 14 jan. 2019.

____. Un Monde désynchronisé. *Temps (science, art et philosophie)*, Paris, n. 2, 2014.

____. La Sociedade de la Innovación: Notas Para una Teoría de la Innovación Social. In: INNERARITY, Daniel; GURRUTXAGA, Ander. *Cómo es una Sociedad Innovadora?*, Biskaia: Agência Vasca de la Innovación, 2009.

LEITE, Fábio; BRANDO, Marcelo. Dispersão de Fundamentos no Supremo Tribunal Federal. *Revista Direito, Estado e Sociedade – PUC/RJ*, Rio de Janeiro, v. 48, 2016.

LIMONGI, Fernando; FIGUEIREDO, Argelina. Bases Institucionais do Presidencialismo de Coalizão, São Paulo, *Lua Nova – Revista de Cultura e Política*, n. 44, 1998. Disponível em: <http://www.scielo.br/>.

MOREIRA, Vital Martins. Constituição e Democracia na Experiência Portuguesa. In: MOREIRA MAUÉS, Antonio G. (org.). *Constituição e Democracia*. São Paulo: Max Limonad: 2001.

OLIVEIRA VIANNA, Francisco José de. *O Ocaso do Império*. Rio de Janeiro: José Olympio, 1959.

____. *Instituições Políticas Brasileiras*. Rio de Janeiro: José Olympio, 1949. 2 v.

____. *O Idealismo da Constituição*. 2. ed. São Paulo: Companhia Editora Nacional, 1939.

Este livro foi impresso na cidade de São Bernardo do Campo,
nas oficinas da PaymGráfica e Editora, em maio de 2019,
para a Editora Perspectiva.

REBELO, Aldo. Não se Sabe se Quem Manda no País É um Juiz ou o Presidente. *El País* (online), 6 maio 2018. Disponível em: <https://brasil.elpais.com/>. Acesso em: 11 mar. 2019.

ROCHA, Jean Paul Cabral Veiga da. *A Capacidade Normativa de Conjuntura Econômica: O Déficit Democrático da Regulação Financeira*. Tese (Doutorado em Direito), Universidade de São Paulo, São Paulo, 2003.

RODOTÀ, Stefano. Palestra proferida no Rio de Janeiro em 11 de março de 2003. Disponível em: <http://www.rio.rj.gov.br/>. Acesso em: 14 jan. 2019.

SANTOS, Wanderley Guilherme dos. A Práxis Liberal no Brasil: Propostas para Reflexão e Pesquisa. *Ordem Burguesa e Liberalismo Político*, São Paulo: Duas Cidades, 1978.

SCHUMPETER, Joseph A. *Capitalisme, socialisme et démocratie*. Disponível em: <http://www.ecoleliberte.fr/>. Acesso em: 8 jan. 2019.

SCHWARZ, Roberto. *Ao Vencedor as Batatas: Forma Literária e Processo Social nos Inícios do Romance Brasileiro*. São Paulo: Editora 34, 2000.

SCHWARTZMAN, Simon. *São Paulo e o Estado Nacional*. São Paulo: Difel, 1975.

TEUBNER, Günther. *Constitutional Fragments: Societal Constitutionalism and Globalization*. Oxford: Oxford University Press, 2012.

VELLOSO, João Paulo dos Reis (org.). *Governabilidade, Sistema Político e Violência Urbana*. Rio de Janeiro: José Olympio, 1994.

VILLAS BÔAS, Eduardo Dias da Costa. Somos um País Que Está à Deriva. *Valor Econômico*, São Paulo, 17 fev. 2017.

WEBER, Max. *Ciência e Política: Duas Vocações*. São Paulo: Cultrix 1970.